U0058572

華志文化

沒有看不透的心
肢體語言
心理學

張榮妹
◎著

讓你
在最短時間
成為識人高手

人類的肢體微表情是無法偽裝的，讀懂人心已不再是難事！

本書教你捕捉陌生人的肢體微表情、分析肢體微表情、判斷肢體微表情，讓你短時間內成為一個高倍數的「放大鏡」。所謂肢體語言心理學，是人們在試圖隱藏某種情緒時無意識做出短暫呈現的表情，其中也包括一些細微的不易察覺的肢體動作。些微的表情通常會在人們的情緒產生肢體急劇轉變時出現，與一般的面部表情不同，不易做假。

前言

當一個陌生人站在你面前時，你如何利用有效的幾分鐘，甚至幾秒鐘，來了解對方的為人？怎樣迅速找到他的喜好，拉近彼此的距離？怎麼判斷他所說言論的真實性？

大多數人都是憑著第一印象來建立對對方判斷的基礎，得出答案，但事實上只靠第一眼的表情觀察、言語傾聽，根本無法在短時間內真正了解他人的想法。因為有很多人善於偽裝：也許嘴上帶著笑容稱讚你，心裡卻在連篇累牘地咒罵；也許已經做了NO的決定，卻哈哈大笑說有興趣繼續合作……這些人用比專業演員還要更自然的技巧努力隱藏起自己的真實情緒，只要稍不留神，就會掉進對方精心設計的「圈套」。

杜絕「圈套」，識破對手，最有效的方法是注意對方的微表情。所謂微表情，是人們在試圖隱藏某種情緒時無意識做出短暫呈現的面部表情，其中也包括一些細微的不易察覺的肢體動作。些微的表情通常會在人們的情緒產生急劇轉變時出現，與一般的面部表情不同，微表情是無法偽裝的。它就是人們內心情緒的一個「線上閱讀器」，一張陌生的臉孔下面有什麼樣的活動內容、情感表達，都可以經由微表情一覽無遺，因為微表情能夠完全反映出人類共有的七種情緒特徵：憎惡、生氣、驚恐、傷心、開心、驚訝、蔑視。儘管有學者證明它在1/25秒內就會一閃而過，但只要你掌握了竅門，細心觀察，依然可以把這轉瞬即逝的1/25秒變為強大的殺手鐧——令對手無所遁形。換句話說，從商場談判、求職面試到日常交流，誰懂得掌握微表情，誰就掌握了成功的主動權！

　　這本書蒐集了各種場合產生微表情的情形，並結合實際情況加以詳細說明，親自教會你捕捉陌生人的微表情、分析微表情、判斷微表情，讓你短時間內成為一把高倍數的「閱讀放大器」，從陌生人的眉毛抖動、嘴角不經意的一撇、手臂的下意識抱緊中，洞察一切可能沒有隱藏好或者故意暗示的資訊。一旦這個放大器像嗅覺靈敏的警犬一樣捕捉到這些細微的動作，你就會發現：讀懂人心不再是難事！

目錄 Contents

第三章　口是心非：無法對你說謊的嘴

第四章　笑看風雲：不同的微笑不同的含義

第五章　魔術手臂：他的心思，手臂最知道

第六章　姿勢語言：坐姿和站姿傳遞的資訊

第七章　弦外之音：語音語速背後的祕密

第八章　有趣空間：身體間距離的和諧與危險

頭頭是道：
看頭明態度

　　頭部是人體最重要也是最明顯區別於他人的一個器官。頭部的核心——大腦主宰著整個人的肢體與精神生活。乍看之下，這些動作似乎都是在內部那些精密的器官內自主完成的高速運動，與外部絕少關聯。實際上，大腦的訊息還需要依靠五官和四肢的行為傳遞。一些尋常的頭部動作有時也暗藏了很多玄機，甚至在一定程度上，訊息傳遞比語言來得更為準確。

1 喜歡拉扯頭髮的人個性比較鮮明

　　誰能想到一個看起來溫柔秀氣的女子做起事來卻大刀闊斧、雷厲風行？

　　微表情是一個人內心情緒的流露，拉扯頭髮看似是一樁「隨意而為的小事」，實際上卻是對方無意識傳遞自己感受、習慣的一些暗示。在人們做出的不同微表情之間或是微表情裡，微表情的一閃而過恰恰曝露了對方自覺隱藏起來的性格。

　　小王有一個二十多歲的女經理客戶，兩人通電話三次，見面兩次，小王就發現了一個特點：每次和女經理見面，對方總是會不自覺地用手拉一拉頭髮。這讓小王想起古時候待字閨中的小姐，她們見人的時候，常常一臉羞澀地拉著辮子。還是單身的小王不禁浮想聯翩：看來這女經理還挺隨和，面對自己還有點害羞，莫非是看上了自己？若真如此，談不成這筆生意，那倒也算收穫。再次因商見面的小王因懷著這樣的猜測，反倒在合作談判中不知不覺降低了心理防線。但在最後一次的合約細節討論中，女經理對著合約大刀闊斧、寸步不讓的態度，卻讓小王大吃一驚。

　　是否大多數人都如小王一樣覺得拉頭髮這樣的小動作可能是對方害羞或者尷尬的表示？當然不是。

　　事實上，在不知不覺中喜歡不時拉扯或摸拽自己頭髮的人，大都性格鮮明、個性突出。如果對方是男性，愛恨分明的態度則更為明顯。這類人往往有獵奇心理，偏愛冒險，同時還擁有善於思考、做事嚴謹的特點。

喜歡拉扯頭髮的人，個性比較鮮明。

　　楊小姐長得清清秀秀的，是典型的南方女孩。每個與她第一次見面的人，無一例外都覺得楊小姐是個說話親切、辦事優柔寡斷的人。但真正接觸之後，百分之九十的人都會大吃一驚：因為無論是生活中的楊小姐，還是工作的楊小姐，都是有口皆碑待人豪爽的「賢妻」和「一姐」：不僅不拘小節，愛恨分明，而且還愛打抱不平，雖然常常「暴躁」，但是情緒來得快走得也快，看似粗枝大葉，一旦認真起來卻又十足地認真、細緻。纖弱的外表和豪放的性格這一絕妙搭配，令不少人都好奇她的丈夫兼同事徐先生當初是怎麼發現了這塊反差這麼大的「瑰寶」的。而對於徐先生來說，發現妻子這一反差卻完全是意料之中的事情。

　　早在兩個人因為工作常常接觸的過程中，徐先生就發現妻子有一個特別的習慣——每次做決定時都習慣伸出左手不經意地拉扯一下耳畔的長髮，咬咬嘴唇。而這個「拉頭髮」的動作每每都能幫助徐先生快速了解妻子的真正想法，最終俘獲芳心。

　　從上面的這些例子可以看出，被人們置於裝飾地位的簡簡單單的頭髮其實也有自己的「表情」。倘若你有心注意觀察，你會發現頭髮的「表情」也很豐富。細心的觀察者常常能從中看出一個人的性格端倪。比如，喜歡拉扯自己頭髮的人，一般做事乾脆俐落、有條理、有邏輯，富有智慧，善於揚長避短，這類人常常是企業中的核心人才。不過也有人說，很多上司都屬於中年禿頭、髮量偏少，拉扯不了頭髮，豈不是與此不符？其實，這類上司常常富於心計，能夠顧全大局，做事情喜歡一絲不苟，善於創業、守業，尤其對待工作非常認真，對自己分內的事情具有很強的責任感。以上所述微有區別，不可一概而論。

　　有時拉扯頭髮的動作也會變成揉搓頭髮，這類人中有一部分

心機較重，精於算計，缺乏氣概和寬容心。

　　手指愛纏繞頭髮的人一般個性也較強，喜歡表現自我，尤以年輕女性為多，常能給他人帶來驚喜。

　　頭髮的形狀有時也可以做輔助判斷，如頭髮較粗的人常表現為個性倔強、求生慾望濃厚，性情偶有暴躁；相比較之下，頭髮較細的人一般比較忍讓，做事較偏向於妥協，發生爭執時，易以一定程度的妥協換來最後的合作，但是，這類人體質也常偏弱。頭髮較多，乃至於身體其他各處毛髮也較濃密的人，則比較富於執行力，性格溫厚，較有人緣。

　　其實，在日常生活中，很多小動作常常會引起別人的注意。這個拉扯頭髮的動作，以及隨之凸顯的各種頭髮細節與關聯，雖然聽起來微不足道，但卻能在危難的時候，讓你迅速找到你想求助的人。

２ 愛把雙手放於腦後者有決斷力

雙手常常習慣放在腦後的人往往都很有決斷力。

　　華隆公司的黃總身高一百七十公分，體重約七十公斤，橫看、豎看都不是一個容易給別人留下深刻印象的人，嘴上無德的年輕人總是暗地裡叫他「方塊」，但就是這樣一個其貌不揚的「方塊」，卻擁有眾多的崇拜者，而這些崇拜者無一例外地都是被他幹練的做事能力所折服的。就算再難以做決策的事情、再難於做判斷的情勢，只要交到這位老總手裡，不出五分鐘，總能迅

速得到一個乾淨、俐落又非常正確的決定。與這種快速做出決定的能力一起出名的還有他那著名的招牌動作：雙手放在腦後，閉眼思考三～五分鐘，張開眼睛，下決策，簽字。

為什麼雙手放在腦後的人更容易做決斷呢？從人的大腦皮層所顯示的資訊來看，人的雙手在大腦皮層上所占的面積是最大的，幾乎達到四分之一到三分之一。可以說手是人的第二大腦，手的高度靈活性是和大腦緊密聯繫在一起的。動手後的大腦循環會發生我們想不到的改變。尤其是當雙手交叉置於腦後時，雙臂此時最大角度地向後張開，使身體得到一種穩定的支撐，同時身體上半部呈開放狀態，身體與腦的相互平衡令人感覺壓力快速緩解乃至消失，此時人的精神面貌也會為之一振，大腦也會比往常更加靈敏。

研究還證明：當手做簡單活動時，腦部的血流量大約比手不動時增加10%。

當雙手從事複雜、精巧的動作時，腦部的血流量則會增加35%以上。大腦的血流量增加了，也就有利於思維的敏捷。這也就是為什麼大多數人會選擇在休息或決策時做出這一動作的原因。

手和腦向來是不可分割的一對最佳拍檔，可以說人的雙手就是大腦最強大的「首席執行官」。當人處於思考狀態時，大腦屬於高速運轉狀態，為了讓這種消耗與身體自身的運轉維持相對平衡狀態，其他身體器官常常會行「助理之職」，尤其以雙手使用較多。多份研究統計發現了一個有趣的結果：雙手支撐於腦後這一動作常多發於決策者身上，與此同時還有統計表明，當一個人苦思冥想、最終下定決心要做什麼事情時，也常做出將雙手置於

腦後的動作。如果你想要釋放壓力，讓自己從一種困境中一躍而出，不妨也試試這個動作，幫自己的大腦找到決策的時機。

　　大腦是一個人的生命與精神的核心所在，它好比是一顆你能看得到的「心臟」，雙手就是向心臟不斷灌輸動力的水泵，多多練習手腦互動，可以讓你的「心臟」更強大！

3 頻繁搖頭晃腦者顯自信

　　在生活中，我們可能會遇到這樣的人，他們在與人交談的時候，經常搖頭晃腦，頭部動作非常頻繁。喜歡做這些小動作的人一般都比較聰明，做事情總是很有自信。

　　小王從小就有點大舌頭，說話常咬舌，一著急還有點結巴，儘管如此，小王卻是一個特別喜歡說話的人。他不僅話多，還有個小習慣，就是一說到高興處就愛搖頭晃腦，或誇張地點頭，或重重地搖頭，有時還會情不自禁地捶打別人的肩膀手臂，總之全身都在為說話「伴舞」。

　　同部門的小劉是個又高又白的年輕人，說話倒不結巴，可是偏偏在小王面前，總顯得氣勢弱了幾分。小王身高矮一點，說話又愛停頓，常見他仰著頭對著小劉指手畫腳地比劃，喋喋不休，即使碰到自己不熟悉的話題，也一樣拉高嗓門大聲敢說敢論，活像個記者，小劉反倒是常常低頭默不作聲，即使是很在行的事情也一樣豎起耳朵仔細聆聽。

　　根據體態學我們可以知道，常常「搖頭晃腦」、說話不俐落

的小王其實是一個非常有自信的人。因為體態學中有一個經過多次調查研究得出的結論：頭部動作頻繁的人大多都很自信，以至於經常唯我獨尊。而那些常常瞪大眼睛，以用力的點頭或搖頭來表達贊成或反對意見的人，更是愛恨分明，比較固執。這類人不大容易接受不同觀點，內心追求萬事無瑕疵，有比較強烈的完美意識。工作中，這類人通常會對別人的工作多有挑剔，有點小獨斷，凡事願意根據自己的意願進行操作。偶見隨和態度，恐怕也是懷了一點小心思，比如想從別人做事的過程中獲取一些靈感、啟發之類。

不過並不能一概而論，有一些特定的搖頭晃腦的動作也有其各自獨特的含義，比如通常認為搖頭時緊抿嘴唇的人，比較愛表現自己，做事有一股衝勁，但讓人覺得有活力的同時，也常會遭到他人的厭惡。古時教書先生吟誦詩歌到興起，常入無人之境，搖頭晃腦，這種情況下的搖頭晃腦則是為了說明大腦對文字進行理解記憶。現代社會中，讀書時有非常明顯的搖頭晃腦動作的人已經比較少見了。一般人都以搖頭或點頭表示贊成、反對或喜歡、厭惡，似乎看不出什麼特別含義。但只要稍加注意，你就會發現，有很多人在與別人談話或者發表意見時，頭部動作較多，比如左顧右盼，頻繁交換做著各種動作，尤其是想要表達自己的意見或內心的強烈情緒時，常常自創一些加強版的動作，如用力地甩頭、幅度更大地抬頭等，這種情形也可以歸為「搖頭晃腦」一類。

頭部語言就是透過頭部活動表示特殊意思的一種體態語，如點頭、搖頭、側頭、低頭等。頭部是一個人身體器官中的重點所在，因此，它的表現力也是較強的。很多成語就明顯展現了這一點，如俯首帖耳、昂首挺胸、交頭接耳、點頭哈腰等等，非常傳

神地反映了頭部語言的特性。

我們最常見的點頭和搖頭是搖頭晃腦動作中最為基本的身體語言，同時也是含義較多、也較為複雜的身體語言。在不同的文化與風俗習慣中，點頭和搖頭有不同的含義。

在大部分地區，點頭都表示贊成、肯定、接納、滿意、理解、順從、問好等意，搖頭則表達相反地意思，如批評、否認、反對、疑惑、反抗、告別等意思。不過隨著人們接觸和交流的增多，人們漸漸發現在一些文化習慣不同的地區，這兩種動作的意思則完全相反，如在印度、尼泊爾、巴基斯坦等地，人們通常用點頭來表示否定、反對，用搖頭表示肯定、支持。

作為一種被廣泛使用的身體語言，個人在和他人交際過程中，要注意控制好自己無意識的頭部動作，適度表現，只要能得體而正確地表達出自己的意思即可，不可因為興奮、激動等因素表現得過於強烈，以免讓他人產生不適感，取得適得其反的效果。

 4 抬頭向上表示對你很感興趣

當人們集中精神聽對方講話時，頭常會不自覺抬起。有時，這種抬起並無特別的含義，如果對方只是將注意力放在傾聽上，並無態度表示，通常頭部會與談話者基本處於一個水平線上。隨著談話的繼續，抬頭的姿勢會一直保持，人們只是偶爾輕輕點頭，以示他們正在注意聽。

　　忙忙碌碌的生活中，小劉不知不覺迎來了單身生涯裡的第三十三個年頭。為了早日幫助他找到自己的另一半，親戚好友，包括同事都全力出動為小劉製造各種各樣的相親機會。但奇怪的是事情總是功虧一簣，每次小劉表示對對方很有好感的時候，女方都表示雙方不適合。問題究竟出在哪裡呢？

　　在一次的相親見面中，一直陪在小劉身邊的好友發現了一個問題：無論女方說什麼話題，小劉總是在左顧右盼，時而低頭，時而左右擺動頭部，顯得坐立不安。讓人感覺他急於結束不感興趣的談話早早離去。小劉知道自己這個無意識的動作之後，又委屈又頭疼，其實自己不是對對方沒興趣，而是因為緊張不敢長時間注視對方而已。他單純地擔心自己情不自禁地注視會引起對方的不悅，讓小姐對自己反感，卻從未想過竟然會被誤會為沒有意思，這可怎麼辦呢？

　　為了徹底改掉小劉這一緊張動作，好友教給小劉一個小動作：在聽別人講話時，練習將自己的頭部微微抬起，眼睛逡巡在對方眼眉與鼻子之間，間或搭配一些點頭和稱讚的詞語。

　　這一招果然很管用，不久後，小劉就順利和一位自己中意的女孩展開了愉快的約會。

　　如果人們對話題失去興趣，常會將頭轉向其他地方，不過大部分人會出於禮貌或其他因素，刻意控制頭部不動，而轉用眼神與嘴角代替頭部進行「轉移動作」。

　　當你明顯注意到與自己談話的人的頭部隨著談話過程有微微抬起，高於基本水平線的情況時，你可以大為放心，因為這一小動作表示對方正對你所說的話或所表現的行為很感興趣。

　　如果對方有很大幅度抬頭向上的動作，且伴有輕微的點頭或

抬頭向上表示對你很感興趣。

眼睛的注視，那毫無疑問，他正對你表現出自己的讚賞與進一步交談的希望。

抬頭常表現出一個人充滿信心，躊躇滿志，如果頭部抬得很高，且有後仰趨勢，就表示有陶醉、開心之意。魯迅先生在《從百草園到三味書屋》中描述的那位老先生，就常常一邊唸著「鐵如意，指揮倜儻」句，一邊「將頭仰起，搖著，向後拗過去，拗過去。」

抬頭時，如果還配合下巴、眼神的動作，也可能是表示傲慢、自滿。據說英國前首相瑪格麗特‧柴契爾夫人就習慣用抬起的頭配合高昂的下巴展現自己桀驁不馴的個性。根據這一微表情判斷他人的心理百試不爽。如果下次你發現與自己面對面講話的人不自覺地昂起頭，同時下巴向外突出，那很可能表示他正盤算著想在你面前樹立起自己的威風，想用自己的強勢壓倒你。因為昂頭突下巴這個動作很容易地曝露出了一個人脆弱的喉部，並且昂頭可以讓自己的視線處於更高的水準，這樣就能在心理上和視覺上以強勢的態度俯視他人，造成一種壓迫感。這個時候，你不妨嘗試放慢一下講話速度，起身去倒杯水，讓對方情不自禁地跟著自己放鬆。這種強勢情緒，就能輕鬆破解。

人在高興、充滿信心時，也會不自覺抬頭挺胸，這個動作會使整個人看起來都很有精神，而人在沮喪、缺乏信心時，則會無精打采，走路緩慢無力。眾所周知，演員周星馳就常用這樣誇張的動作來對觀眾展現電影中人物的得意與失意。這可不只是誇張的表演技巧，多項調查結果顯示：抬頭向上看確實更容易為人帶來好情緒、好精神。抬頭不僅能為自己帶來較好的情緒、狀態，對於別人來說，適度地向上抬頭也意味著是一種熱情、鼓勵力量的傳遞。因為，人在向上抬頭時會挺直腰桿，雙肩自然打開，讓

人感覺非常有活力，而低頭的動作大多給人無精打采的感覺。有一項研究顯示，昂頭甩手大步行進比低頭小步移動的人更容易感到心情舒暢、精神飽滿。

細心一點也許你還會發現，低頭往往容易讓人產生被忽視的情緒或批評性情緒，如果你所面對的人不願意把頭抬起來或者總是向一側傾斜，那麼你可能就會花更多時間來考慮對方究竟對自己的講話是什麼想法、怎麼理解。如果你發現在自己講話時，所面對的人聽得津津有味，並且慢慢頭部抬起且前傾，毫無疑問，對方的這個小動作會鼓勵你用更多的熱情與勇氣將自己的觀點闡述得更為詳盡。

了解了上述技巧，下次，當你面對這種對方沒有熱情的情況時，不妨試試向那些態度積極的演講家學習一下：主動採取一些方法，比如插入一個小笑話，一個與對方相關的小話題來扭轉這種無精打采、心不在焉的狀態。因為這樣的「插播」或「目的性的中斷」可以吸引大部分人抬起頭來，把他吸引到自己的話題中，這種交互行為可以喚起彼此更加積極投入的情緒與態度。

5 頭部前傾的人對你無心理設防

在拍照時，拍照師說得最多的一句話除了「笑一笑」，就是「向前看，頭微微向前」，為什麼要單獨強調頭微微向前呢？這是因為在微表情學裡，頭部微微前傾通常能讓人的精神與表情顯得更為柔和，具有親和力。在日常交往中，這一點也同樣可用來判斷對方是否願意與你共用一些私密資訊，是否在那一刻是你的

真正盟友。

　　小劉和小偉是新認識的同事，兩個人同一天報到，同一天進公司，自然而然就組成了一個新人二人組。小劉很能說，小偉有點木訥。新人入職，有點煩惱抱怨什麼的，也常常是小劉在一邊大聲說，小偉在一旁靜靜聽。

　　有一天，一個同事悄悄地提醒小劉：「別看小偉不說什麼話，說不定你說的他都記著，哪天萬一你倆有了嫌隙，給你翻舊帳，那你不就吃不了兜著走。」

　　這是不少職場人都會遇到的事情——無法判斷對方是敵是友。所謂「知人知面不知心」，大部分人都清楚單靠語言交流並不能百分百正確地了解別人的真正想法，所以這似乎是一個無法破解的「技術性難題」。但對於微表情專家來說，這個不可能完成的任務完成起來卻易如反掌，因為他們有瞬間看穿人心的完勝方法——觀察微表情。要知道，一個人要向外界傳達完整的資訊，單純的語言成分只占百分之七，聲調占百分之三十八，另外的百分之五十五的資訊都需要由非語言的體態——即肢體語言來傳達。肢體語言通常是一個人下意識的舉動，它很少具有欺騙性，因此也常常最可信。

　　仔細觀察那些正在進行談話的人，你會發現他們借助肢體動作表達內心情緒時，經常並不自知。那些在外人看起來非常明顯而頻繁的小動作，如皺眉、眨眼、皺鼻、摸耳朵、拉扯頭髮、點頭、搖頭、習慣性手勢等等，多半都是當事人的無意識動作。因此，也正是基於這種觀察，心理學家進行了一系列的調查研究，並從中發現：當一個人與別人說真話，表示親近態度時，身體常常無意識向對方靠攏；相反，當一個人與他人之間自感不合

拍，或說假話時，身體就會後仰，離開對方較遠。反過來驗證也一樣。根據這一發現心理學家繼續觀察，於是發現了更有趣的情況，那就是：當一個人在頭部經常不自覺向前傾向他對面的人時，那他多半沒有設防心理，對對方所說的話比較感興趣，並且很樂於分享自己的心得想法。

為什麼會有這樣的無意識動作呢？這是因為，人的身體中，除了頭部，其他器官都相對而言具有自衛功能，頭部是一個人的肢體中最容易受到致命傷害的地方。如果一個人對另一個人心中充滿警戒，最先遠離這種危險的器官必定是頭部，至少會不自覺地微微偏向外側，隨時有躲開的機會。相反，如果最容易受傷害的地方最先曝露在別人面前，至少表明他並沒有將自己放在對方的對立面上。因此，我們就不難理解，為什麼當一個人對他人感到放心，有興趣時，會無意識地頭部前傾了。

下次，當你發現談話夥伴突然趴在桌子上，傾身向你靠近時，那就是你已經提起他的興趣，到了需要快馬加鞭，乘勝追擊的時候了。

6 頻繁點頭不一定是肯定

在大多數地區，點頭通常都表示肯定。如果碰到對方頻頻點頭——注意，你可不要馬上沾沾自喜，以為成功在望了，因為頻繁點頭並不一定代表肯定。有的時候，過於頻繁的點頭反倒可能暗藏著失敗。

　　經朋友介紹，劉先生有幸參加了一個著名企業的面試，他對這份工作仰慕已久。面試前，劉先生做了很多準備，還專門向朋友詢問了不少可能會相關到的細節。面試當天，劉先生信心滿滿地去了公司，三個面試官依次向他提了幾個問題，劉先生邊回答邊注意對方的反應。在回答不同問題時，三個面試官都有頻頻點頭的動作。面試結束後，劉先生心情大好，就等著錄取通知了。

　　但是，一個星期過去了，對方仍然毫無音訊，劉先生只好打電話過去進行詢問，這一問才發現，對方的甄選工作早已經結束了，而自己已經落選了。

　　放下電話，劉先生很鬱悶，他想來想去想不明白：面試當天，面試官對自己的反應都不錯，但為什麼自己最後卻落選了呢？

　　其實，劉先生所面對的問題也是很多人都遇到的問題。點頭的動作在大部分文化中都表示肯定或者贊成的態度。但恰恰是全社會約定俗成的動作常常讓人無法理解，這是因為頻繁點頭並不一定就是全面肯定。

　　點頭的頻率確實能夠顯示出傾聽者的耐心程度，緩慢有序的點頭動作表示對方對談話內容很感興趣，相反，快速的點頭動作等於是在告訴說話人；快點結束吧，我已經不想再繼續聽你說了，或者是暗示說話人盡快結束發言，以便給自己一個表達觀點的機會。劉先生所看到的面試官的點頭動作就可能屬於這一類情況。

　　除此之外，還存在這樣一種狀況：頻繁點頭的一方所肯定的是自己的推測，否定的是他人的觀點。

　　對於甄選經驗非常豐富的面試官來說，衡量一個人是否適合

頻繁點頭不一定是肯定。

其所應聘的職位，需要考慮很多條件，面試者的語言、動作、表情等，對於他們而言是一個綜合評價值，在聽取面試者回答闡述的過程中，他們可能會綜合以上這些因素做出一個基本判斷或推測。當這些判斷推測還不能確定時，對方就會更加認真地觀察、用心地傾聽與整理，去做最終的選擇。一旦他們發現自己的判斷是「果然如此」、「確實如此」的結果，出於滿足心理，便會情不自禁對自己的正確考慮做出下意識的肯定——點頭。發現越符合自己的判斷，越肯定自己的想法，越下意識點頭。他們或許還深知這樣的點頭不僅能無意識強化自己做出滿意的決定，還能有意識地給對方留下一個彬彬有禮、興致盎然的好形象。

　　一個點頭動作包含這麼多的含義，那麼我們在談話中發現對方有這樣的情形時，該如何適當表現贏得他人進一步認可自己的想法呢？

　　你可以這麼做：發言時，可以暗示自己面對傾聽者刻意地做出點頭的動作。這種點頭表示了你對自己的承認，會讓對方受到無形的暗示，體驗到積極的情緒，而與他人的這種「動作訊息交換」，則會喚起對方對你的興趣，百分之九十接受到談話者點頭訊息的人，都相信自己正在被對方特別注視，並且相信對方正在專注地向自己單獨做訊息說明。這讓傾聽者感覺自己正在接受無與倫比的關照，增強了傾聽談話的興趣與耐心。

　　點頭的動作還具有相當的感染力。如果有人對你點頭，你通常也會向他回報以點頭的動作——即使你並不一定同意他的觀點。毫無疑問，這說明積極的情緒能夠引發點頭的動作，而點頭的動作也能喚起積極的情緒。這兩者之間存在著雙向的因果關係。

　　此外，適當的點頭還能夠激發合作與肯定的態度。請記住：

當你向對方表示自己的回應時，不妨試試輕輕點頭五次，頻率大致保持在一秒鐘一次，否則過猶不及，太過頻繁的點頭可能會令老練的談判者心生疑慮。一般情況下，在你點第四次頭時，對方會再次開始說話，提供更多的資訊。

7 側頭露頸說明你很有說服力

　　傾聽他人談話時，如果感覺對方說得對，符合自己的價值觀、世界觀，人們通常會情不自禁地點頭配合，給予肯定。如果一個人講話非常有說服力，能把很固執的人也說動，通常被說服的人會側頭露頸，傳遞出自己被說服的訊息。這也是一個典型的肢體語言，通常在女性身上或者大型會議場所的聽眾身上所見居多。

　　專業教授經濟學原理課程的韓教授是一個極具魅力的人，面對各種複雜枯燥艱澀的資料，只要他一張口，就能講得生動有趣，令人由衷佩服。因此，只要是他的課，課堂人氣就會高漲，總會有大批學生慕名而來。韓教授的課堂上呈現出這樣的景致：無論是坐著的、站著的、蹲著的，全都側頭露頸，都一臉感興趣的樣子，聽到高興處，有的人還前仰後合，拍手鼓掌。為什麼有這麼多人熱中於一門普通又稍顯艱澀的課程呢？來聽課的學生無一例外地表示：「讀十本書不如聽韓老師一句話。」

　　側頭露頸的動作常常暗示他人很有說服力。脖子也是人體最無防禦力的部位之一，如果一個人對他人完全露出自己的脖子，

那麼相信他是向對方傳遞這樣的意思：「你說得很有道理，我完全相信你。」

即使對方不頻繁或用力點頭，只要配合露脖子的動作，把頭部微微向一側傾斜，也可以明確地表示出講話人的話對做出這個動作的人來說是很有說服力的。

一般而言，側頭是一種順從的表示，這個姿勢不僅曝露出人們脆弱的喉嚨和脖子，還會讓人顯得更加弱小和缺乏攻擊性。

科學家達爾文在研究中發現：當人們對某件事情感興趣時，常會把頭部微微歪向一側，這一點尤其以女人表現得更為明顯。女人很懂得利用這樣的姿勢去贏得男人，尤其是中意的男人的喜歡，因為經過長期觀察，她們已經明白一個毫無威脅感並且看起來非常溫順的女人會對男人很有吸引力。

關於側頭露頸能夠讓他人深信自己很有說服力的證據，還有過去幾百年間的一些畫作。在這些畫作裡，有為數不少的女性形象都是頭部傾斜，露出自己修長的脖頸。

保持這種姿勢的畫中人形象的數量是那些僅僅保持頭部傾斜的畫中人形象數量的三倍，毫無疑問，畫中人和作畫者都深信這一側頭露頸的姿勢能讓畫面看起來非常溫和而舒服，讓賞畫人對畫面流連忘返。觀察仔細的人可能會發現，聞名世界的達文西畫作《蒙娜麗莎的微笑》，帶著神祕微笑的蒙娜麗莎也是一副側頭露頸的樣子，這就是以上結論最好的證明。你或許還可以抽時間仔細觀察每天上下班時你路過的一些廣告海報，或者注意一下電視廣告中人物的造型，有數量統計，在廣告海報中歪著頭的明星是不歪頭明星的數倍。這再次充分證明：大部分人都能體會到側頭露頸所傳遞出來的順從與肯定意義。

不過，有一點值得注意：如果你是一位商界人士，正面臨

一個重要的談判，並且想要在談判中展現出自己的強勢，讓對方甘拜下風，那提醒你一定要注意不要輕易做出這一動作。如果想不卑不亢贏得談判，不妨有意識地始終保持頭部直立的姿勢；相反，如果你是正在求職的面試者，那建議你不妨參考學習一下這個動作，在適當的時機，比如聽面試官講解工作職位或者對你發表觀點時，嘗試自然地不露痕跡地做一下這個動作。如果你的面試官看到自己的聽眾歪著頭，身體前傾，他會確信自己的發言相當具有說服力，有了這樣的好心情，不怕他對你沒有好的印象。

同樣，如果想讓他人認為你對他所說的話深信不疑，且非常感興趣，不妨也試試做做這個動作，如果你想讓自己表現得更加真摯，可以試試配合適當的點頭動作。

8 愛揚頭露額的人大多很包容

額頭是最能顯示人的臉部輪廓的部位。說話時愛揚頭向大家展示自己額頭的人通常都很自信，對人對事很包容。

愛揚頭露額的人一般都擁有比較寬闊的額頭，五官稜角清楚且明顯，容易給人留下較為深刻的印象。

中國有句古話叫做「將軍額頭能跑馬」，這就是說，高額頭的人通常都很聰明，心胸開闊。

額頭寬闊的人給人感覺比較大氣，容易被他人接受，面對爭執，往往會妥協相讓，傾向於雙方的得失平衡，容易與別人達成一致意見，這種人容易成為一個公司裡的領導者或者是儲備的領導幹部。相比較而言，額頭窄小者做事就比較小心，容易錯失良

機，後者應該有意培養自己當機立斷的工作作風。

　　額頭寬闊的人有時行動力會比較弱，個人比較看重思維和精神生活，許多事並不與人計較，個人色彩濃厚，對於物質生活追求不高，有時難免對事情的看法存在不切實際的理想主義期盼，因此這類人常常和現實生活有不容易調和的矛盾糾紛。

　　愛揚頭露出額頭的人，視野的關注點總是集中在自己的理想或者目標上，不會斤斤計較於日常瑣事。

　　習慣頭部上揚的人通常自視甚高、傲慢而自我。女人如果有這種表現，或許是因為她們自身的條件應該都不錯，追求她們的男人又比較多，所以這類女人對男人的要求也會相應提高，卻很少能夠真正體諒男人的一片苦心。

　　司馬遷在《史記》裡曾經這樣評價一個成大事的人：「大行不顧細謹，大禮不辭小讓」，胸懷寬廣的人總是不拘小節，能夠隨時把眼光控制在大目標上，讓小事情為大事情服務。擁有寬闊胸懷的人的額頭通常視覺印象比較分明，額頭輪廓突出，五官自然隨意，不會給人一種猶豫不定的感覺。愛揚頭露出額頭的人，如果額頭本身很高很飽滿，那一般來說他們的智商都很高，比較聰明，額頭眉骨格外突出的男士通常都有一股傲氣，不服輸，喜歡爭鬥。

　　擁有寬闊心胸的人通常都會對人生抱有一種積極向上的看法，一般來說他們可以非常嫻熟地駕馭自己的心情，而不會輕易被環境所左右。胸懷寬廣也是一個人成功的標誌，心胸狹窄的人眼裡容不下一粒沙子，不允許別人有一絲一毫的錯誤，得失心很重，不能接受他人善意的批評，這樣的人只能活在自己的世界裡，不具備成就事業的基本素質，很難想像這樣的人會取得成功。

據以上種種可知，說話時愛揚頭露額的人通常都很有自信，對人對事也很包容。當我們在與這樣的人談話時，心情會極為舒暢，交談會比較自由，比較容易接受對方的意見，會很快達成一致，事情會進展得很順利。

那些在職場中還依然酷愛留厚重瀏海的女士不妨順便檢查下自己的額頭，是否厚重的頭髮遮擋自己的額頭太久，而不經意間錯失了一些機會呢？

如果額頭不是必需要隱藏起來，不妨試試把頭髮向後梳起，嘗試一下經常亮出自己的額頭吧。好運說不定就在你身邊。

9 輕拍頭表示不是很在意

如果你拜託別人辦一件事，但是卻沒想到他把這件事給忘了。當你問起他進度如何時，他用手連拍幾下腦門，大呼「忘了」。

這個時候，你要如何判斷他的真正意思呢？是真忘了還是裝腔作勢地應付與交差？

這種拍打自己腦門的方式似乎是用責打自己的動作來表示十分的懊惱和歉意。儘管用手拍擊頭部的動作常被視為健忘的象徵，但僅憑這個動作就輕易相信對方所說的話還是大有風險。

判斷的關鍵是要仔細觀察在對方拍打自己的頭部時，拍擊的是前額還是後頸。如果他拍自己的前額，那說明他對自己的健忘並沒有特別在意，也不太擔心你會興師問罪。如果他拍打的是後頸，那就表示你的提問已經讓他的脖子後面起了雞皮疙瘩。所

以，雖然他是在責打自己，但他的心裡實際上是在惱你。

李先生有兩個習慣讓大家又歡喜又無奈。讓人歡喜的習慣是，他對別人請求幫忙的事情，從來不說「不」，而總是習慣性地說「有事您說吧！」「小事一樁，包在我身上，我來解決」。認識不認識的人都對李先生這種一手包攬的古道熱腸滿懷感激之情。

但另一方面，也讓認識李先生的人頗為頭疼，那就是他總是忘記自己承諾過的事情，對自己沒做到的事情總是懷著十二萬分抱歉的心情，雖然把事耽誤了，可是這種認錯態度卻又讓人怪不得恨不得。

瞧，同事與匆匆地走過來詢問李先生前天答應自己的事情辦得怎麼樣了，結果不出同事預料，李先生果然一副恍然大悟的樣子，右手不由自主地拍打了一下自己的額頭，驚呼道：「啊，我忘了。這兩天實在太忙，我確實忘得一乾二淨了，實在抱歉啊。」

看著李先生責備自己這麼真誠，心急如焚的同事也不好意思再責怪李先生，但是事情沒辦成，工作上又要求有結果，這尷尬的局面實在讓同事無法再要求什麼？「看來，他真的是忘了，只能怪我自己太倒楣了。」同事望著還在真誠道歉的李先生，心裡不斷地安慰自己。

李先生可能是真的忘記了自己曾經答應過的事情，可是他真的像自己所說的那樣對同事感到萬分抱歉嗎？仔細看李先生的手，拍頭時手掌放在了額頭，這個細節毫無疑問說明他感到抱歉，但他並不真的認為自己的爽約會讓對方生氣，甚至他心裡可能正在念叨：「拜託，小事一件而已，別在意了。」在現實生活

中，用手接觸頭部的手勢非常容易被解讀，你會很容易捕捉到這個動作，並由此看穿對方的心思，做出正確的應對方法。

對肢體語言很內行的談判專家透過仔細對比觀察還發現，人在拍擊自己的頭部時，習慣於拍擊後頸的人很可能個性較為內向或者為人比較刻薄；而那些習慣於拍擊前額的人則可能更加外向而且容易相處得多。

想要在不同情境下準確解讀用手接觸頭部的身體語言，必須經過長期的經驗累積，培養自己敏銳的觀察力。那些做出用手接觸頭部的手勢的人，可能暗示的是懷疑、隱瞞、不確定、吹噓、憂慮，或者乾脆就是撒謊。你需要從不同中去判斷他們的真實意圖。最能展現觀察能力與思維能力的地方，就在於如何快速確認那個令自己不安的負面的想法到底是什麼？想要做到這一點，最好是仔細觀察對方的每一個手勢，並且從整體上來分析他內心的真實想法。

眉來眼去：

眉眼高低訴隱情

眉目傳情可不只是愛情的表達方式，事實上，透過眉眼暗送秋波僅僅是微表情中的一種情況。眉毛、眼睛、眼角以及眼神的不同組合與變化可以傳遞出成百上千種富有不同含義的資訊。一樣是眨眼，結合了不同的眉毛、眼角、鼻子動作，就有不同的含意；一樣是挑眉，配合了耳朵、配飾等的不同行為與裝飾，就有了各式各樣的心情。即使沒有測謊器，你一樣可以發現對方的蛛絲馬跡，按圖索驥看出對方的真實心意。眉來眼去的表情語言可比那些容易偽裝的口頭語言誠實多了。

1 眼睛向右頻瞟，可能在說謊

如果一個人在目光投向右方的同時，面帶笑容，神情放鬆，那說明他對話題很感興趣。相反，如果向右看的同時，眉毛緊蹙，神經緊繃，說明他並不同意他人的說法或觀點，但又不想明確表現出來。

當然，向右看的動作含意很豐富，不能一概而論，要根據當時具體的情境進行分析。向右看可能表示對方對所說或所聽的事情非常感興趣，也可能表示對某種觀點不確定，甚至可能是敵意。

曾轟動一時的某地不雅照片曝光事件發生後，某涉事的女主角在事後接受某電視節目的專訪時，曾被主持人追問事情的詳細經過，細心的觀眾發現，在整個採訪過程中，對方不只一次緊閉嘴唇，眼睛頻頻向右看去。

右側明顯沒有任何更新奇的事情發生，涉事人的這種頻頻向右看，自我抑制的表情只能證明：她所說的話並不可信，因為小動作表示出她對自己所說的話也存有不相信的心理，眼睛頻頻向右是透過下意識地調取右腦圖像記憶區的儲存資訊進行回憶，而緊閉的雙唇則從側面再次暗示她可能隱瞞了一些未公布的事實。

但有時向右瞟的眼神並不太容易被人察覺到，因為沒有人會做得非常明顯。這就需要你能仔細觀察，如果夠仔細，無論對方的動作如何迅速、如何轉瞬即逝，你還是會注意到一點蛛絲馬跡。最著名的例子就是：當年英國查爾斯王子和美女戴安娜結婚時，在其準備向戴安娜發誓時，他兩眼不自覺地向右上方看了看。顯然，當時發誓的查爾斯王子並沒有誠實地對待誓詞——這

個小動作透露了他可能在說謊的事實。雖然事後有好事者為其解釋，上方正是上帝所在的位置，查爾斯向上看，是其無意識地想要請求得到幫助的表現。指望上帝能幫幫他——當然，這可能只是個諷刺！

事實上，不管是否信仰上帝，不管是哪裡的人，如果在發言、發誓時，眼睛下意識地頻頻向右瞟去，那基本上可以說明他確實有可能正在隱瞞自己的真實想法！

我們甚至可以透過這種向右看的小動作，八九不離十地猜測出對方可能正在回憶某個之前經歷過的事情。在美國心理學家葛瑞德和班德勒的研究成果中，這個動作被冠名為「右視語言」，他們把它歸類為神經語言程式學的範疇並進行了深入廣泛地調查研究。之所以叫這個名字，是基於這樣一個調查認識：如果一個人正在回憶自己之前某個經歷過的事情，他的目光會自然地投向上方；如果是在回憶某個聽過的聲音，他的目光則會自然地投向側面，與此同時他的腦袋還會略微傾斜，做出一副認真傾聽的樣子；如果對方正在回味的是一種感覺或是情緒，他可能會把目光自然地投向右下方。但是如果他僅僅只是在自己心裡自言自語，那他的目光便會自然地投向左下方。

大量的研究調查發現：那些習慣說謊的人會在潛意識裡控制自己的眼睛是向左還是向右瞟，但因為大多數說謊者都不習慣長時間注視目標對象的眼神，所以他更有可能選擇向上或向下看。研究還證明一些說謊專家更精於掩飾，他大概已經了解多數人說謊時不敢看著別人的眼睛這一事實，所以他會反其道而行之，冒險在說謊時——即使這個謊言可能很容易被戳穿——選擇直視對方的雙眼，這個時候被直視的人該怎麼辦？怎麼判斷？

似乎沒有什麼方法，但是不要忘記，只需要二十五分之一秒

眼睛向右頻飄，可能在說謊。

的時間，一個短暫的微表情就會曝露他的真實想法。當對方直視你雙眼的時候，你不妨注意一下他的眼角、嘴唇還有手部動作，沒有人可以同時控制全體器官進行同步偽裝，總會有一個不經意的動作曝露他的真實意圖。

無論何時，只要我們記住：不管對方是透過編造謊話來掩蓋真相，還是透過肢體動作來增加謊話的說服力，眼神都很容易將他們自己出賣！

 ## 2 瞳孔放大說明非常有好感

人的瞳孔不只會因為光線強弱的變化而放大或縮小，也會因為心理狀態的變化而發生變化。通常，人們看到自己喜歡的人時，瞳孔會放大，即使有人假裝扭頭看別處，表現得毫不在意，但透過瞳孔放大這種自然的生理反應，還是可以很快找到破綻。

曾經有美國的學者做過這樣一個瞳孔放大實驗：向男女兩組被測試的人輪流放映五張幻燈片，同時對實驗者的瞳孔進行攝影記錄。這五張被觀看的幻燈片的內容分別是嬰兒、懷抱嬰兒的母親、男性裸體照片、女性裸體照片和風景畫。結果顯示，瞳孔放得最大的是看異性裸體照的時候，測試人的瞳孔基本都放大了百分之二十左右，而且男女瞳孔放大的程度沒有較大分別。

上面的實驗也再次說明人們面對那些擁有好感、自己很喜歡的人時，瞳孔非常容易放大。這大概也可以解釋為什麼相互凝視的戀人的瞳孔看上去都潤澤而有神。

眼睛一直是人類最為關注的器官，多數人都認為眼睛是最能

傳達情感，同時又是最不會說謊的器官之一。如果你看到你的對手或者聽眾在聽你談話的過程中，瞳孔有明顯放大，那說明他對你非常有好感，甚至已經完全信任你了。

在我們的肢體語言裡，眼睛所傳遞的訊息是最有價值也是最為準確的，因為它是傳達身體感受的焦點，而且瞳孔的運動是獨立、自覺、不受意識控制的。在相同的燈光條件下，隨著態度和情緒從積極轉向消極，瞳孔就會由擴張轉向收縮，當人們處在興奮的狀態中時，瞳孔會比原始尺寸擴大四倍。相反，如果人們處在生氣或者其他消極的情緒中時，瞳孔就會收縮，變成我們平時常說的「如綠豆般的眼睛」。而且瞳孔的顏色對人也會有一定影響，研究顯示，那些擁有淺色瞳孔的眼睛的人往往更吸引人的注意力，因為淺色的瞳孔在擴張時給人的感覺更加明顯。

透過瞳孔擴張來判斷他人對自己的態度屢試不爽。最成功的例子就是：有廠家在一次商品廣告活動中，透過修改海報中模特的瞳孔尺寸，使得產品的銷售量提升了近一半。

還有研究發現：眼睛的交流表達了心理上的接納，當人們看到喜愛的東西時，瞳孔就會自然放大。如果面試官經常與面試者進行目光交流的話，則表示他願意與面試者進行交流。所以如果你的面試官望著你微笑並且瞳孔微微放大的時候，恭喜，你已經勝券在握了！

有不少精通此「道」的人都會將此運用在商業談判或合作中，他們會特別注意「觀察對方眼睛的瞳孔變化來判斷彼此對不同話題的反應」，從而再做出決定。如果你是相親一族，也可以試著觀察一下與你相親的對象，自己精心的裝扮和優雅的談吐到底有沒有引起對方的興趣呢？看看他或她的眼睛對你的「第一印象」吧！

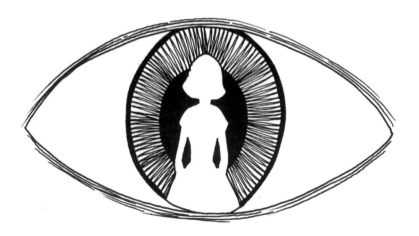

瞳孔放大說明非常有好感。

「瞳孔是一種非常敏感的指示計器」，有位心理學家曾這樣說過。這個指示計器可以用來測驗人們對某一情況如何作出反應？當某人對某些事情感興趣時，瞳孔就會放大，如果有人說出他所不喜歡的事情，對方的瞳孔往往會收縮。此外人們無法控制他們自己眼睛的反應變化，人們眼神的變化能一絲不差地洩露真情。也正是因為如此，據說許多阿拉伯人甚至在家裡也要「戴上墨鏡」，目的就是不讓別人看穿自己。

儘管仔細觀察瞳孔可能獲得一些訊息，但在正常的談話距離上，要想進行仔細觀察就有些困難，如果你緊盯著對方的眼睛看，會讓對方感覺到緊張、不自在，進而影響談話的氛圍，如果是上司，在和合作對手或者員工談話時，緊盯著對方的眼睛看，很容易造成一種「你來試試看」的挑釁情緒或者「我很不相信你」的暗示。當然，如果是男女對看，則意味雙方都有意要引起彼此的情欲。

因此，日常生活中，不要一直盯著對方的眼睛去發現瞳孔擴張與否，只要進行正確的目光的接觸就能夠控制談話的局面。比如，眼睛睜大，目光有神，也可以表示出你對當前話題很感興趣，如果用稍微瞇眼，有一些斜視的眼神看著對方，那麼他很快就會察覺到你也許正想要把他牢牢踩在腳下。

在面對面的交談中，我們的目光大部分時間都停留在對方的臉上，所以眼睛所傳遞的訊息，是能夠說明我們解讀對方態度與想法的最佳利器。

3 眨眼頻繁有時是對他人的一種暗示

正常情況下，人的眼睛每分鐘會眨眼六～八次，每次眨眼時眼睛閉上的時間只有十分之一秒。如果眨眼過於頻繁快速，不是身體不健康，就意味著對方可能正為某些事情感到擔憂、興奮，甚至是在對你撒謊──人在撒謊時眨眼頻率也會顯著提升。

午飯時間到了，大家陸陸續續地開始向餐廳走去。小王和同事邊走邊八卦，說起公司最近種種的加班理由、制度，大家都一肚子的苦水與怨氣。

小王家離公司比較遠，連續加班四個月已經非常疲憊了，但是最忙的時候過去了，老闆還要求每個人每週六再加一天班。小王礙於手頭需要賺錢購屋，有氣也不敢公開抱怨這種不人道的加班制度，只能在背後發洩發洩。同事小李是個說話大大咧咧的人，說起加班的事情，小李難掩心中不平，張口就批評主管這不對那不對。這激起了小王的怨氣，他也開始抱怨起來。

正說得起勁時，迎面走過來先前出去用餐的同事小黃，他突然對著小王眨起了眼睛，小王看得有些迷糊：什麼意思？他抬頭向後望了望。都是湧向餐廳的人群，再向前看，小黃面帶微笑還在對自己眨眼睛，小王心想：開什麼玩笑，和我玩曖昧啊。他剛想對小黃說貶抑的話，突然旁邊的小李拉了拉自己的衣服低聲說道：「王主任在我們後面。」這下，小王嚇了一跳，王主任個頭矮，剛才回頭沒看見，應該被誰給擋住了。怪不得小黃對自己眨眼，他想必是看到了王主任才向自己發出警告呢。

這種情況是我們在生活中經常遇到的。當對方有事情或有暗

示想要只告訴你一個人時，會對著你擠眉弄眼。這種擠眉弄眼是表示兩人之間有一種不必言語的祕密，兩人都知道這個祕密，並且還要向第三個人保守這個祕密。比如，在電影中，經常出現在對立的兩派人之間。兩個幫派談判時，一方感覺快要破裂了，雙方估計會動起手，不如先下手為強，於是就會給手下的小弟使個眼色，小弟看到大哥的眼色就像收到命令一樣，立刻開始行動。在這裡，擠眉弄眼表示的就是一種傳遞祕密的行為。

擠眉弄眼還表示兩人間的某種默契。它所傳達的資訊是：你和我此刻所擁有的祕密，其他任何人無從得知。在社交場合中，兩個朋友之間擠眼睛，是表示他們對某項主題有共同的感受或看法。兩個陌生人之間若擠眼睛，則有強烈的挑逗意味。由於擠眼睛含有人們之間的、不足為外人道的默契，自然會使第三者產生被疏遠的感覺。因此，不管是偷偷地進行還是公然地進行，這種舉動都被一些重禮貌的人視為失態。在社交場合，這種行為是不可取的。

頻繁眨眼來暗示資訊的動作屬於下意識的行為，是人們的大腦企圖阻止眼前的人進入自己的視線的一種防衛，眨眼有時是對他人的一種暗示：我們可以怎麼做，要怎麼做；有時是對他人的一種厭倦：你很無趣，還是快停止吧！有時眨眼還是一種高人一等、表現自己魅力的工具。如果某人頻繁對你眨眼，且每次眨眼時眼睛會閉上兩到三秒鐘甚至更長的時間，那麼，你不用懷疑，他其實正希望你趕快從他的視線中消失，即使那一刻他依舊堆滿笑容地在對你滔滔不絕。不要等到對方的眼睛閉起，才發現真相。如果他的眼睛一直閉著，那就表示他的頭腦裡已經完全沒有考慮你的存在了。

在和別人交談的過程中，如果發現對方眨眼的頻率變得很拖

逕，那就意味著你的表現不夠精彩，需要採取新的策略激發對方的興趣。如果你認為對方這樣做僅僅只是出於高傲，那麼你不妨給予這樣的回敬：當對方第三次或者第四次長時間閉著眼睛時，快速地向左邊或者右邊移動一步。這樣，當他們再度睜開眼睛時，就會產生錯覺，以為你消失不見了；繼而又在旁邊突然看到你，這一定會讓他們嚇得不輕。

　　生活中，當你遇到有人在跟你擠眉弄眼的時候，可能是他在向你示意什麼東西，或是示意你不要動，或是示意你不要說話等。通常，擠眉弄眼都是在關係比較好的人之間私下裡進行，如果在社交場合也這樣做的話，則會給人一種猥瑣小人的印象，不利於你自身的形象。

4 有躲閃眼神的人很怕受傷害

　　有躲閃眼神的人習慣斜視。眼睛斜視是為了從謹慎的態度來估計周圍的環境，這種人大多不願意讓別人察覺到自己真實的情緒，他向旁邊看去，避免和別人的正面接觸，是為了隱藏自己的內心想法，這是一種自我保護的態度，以此來光明正大地提醒陌生人：我正在用戒備的目光評估你及其他人。

　　某部門裡新來了一個同事，主任領著他參觀。新同事看上去衣著整齊，一身嶄新的西裝加一雙擦得晶亮的皮鞋，說明他很重視自己給別人的第一印象。老員工都熱情地和他打招呼，但他似乎有點不太適應，每次作自我介紹或者聽別人自我介紹時，總是

眼神飄忽地飄向遠方。

　　主任和新同事剛一離開，剛剛與他打過招呼的劉大姐就有點氣不過了，她生氣地抱怨：「我怎麼覺得他看誰都看不上的樣子，以為自己是老總啊，賊眉鼠眼地總是看別處，個子高了不起啊，我要是個子高也能想看哪裡就看哪裡。」聽了劉大姐的話，大家都哈哈笑了。

　　其實擁有這種躲閃型眼神的人，並不一定是自我感覺良好，相反，他們常常沒自信，並因此對周圍的一切人和事情都帶有懷疑態度。那些看起來投向四周的目光其實帶著戒備和瞪視的性質。他們不敢直視對方，不想要有太多目光接觸，擔心因此而被他人了解更多，或被看到什麼自認為顯而易見的缺點，從而避免遭受不必要的傷害。這也是為什麼多疑的人經常有斜視和躲閃的表情的原因之一。

　　躲閃目光是屈服的表示，幾乎所有的靈長類動物都認同這一身體語言。在遭遇潛在威脅時，人類也會採取躲閃的姿勢來降低危險，例如會盡可能地縮緊身體，蜷曲膝蓋、腳踝緊扣小腿，並且目光順從地轉向一旁。這些姿勢會讓攻擊者的大腦發出「解除攻擊」的指令，於是被攻擊者便可以憑藉屈服的姿態免遭厄運了。這些四處張望的眼神像流水般游移不定，在這種眼神背後，一般都是在躲避被親近與解讀。躲閃的眼神往往是極度缺乏安全感的人才會表現出來的。

　　躲閃的眼神傳達的訊息可能有兩種：一種是聰明而謹小慎微；一種是深謀內藏、又怕別人窺探。說話時眼神閃爍不定者，一般表示精神的不穩定。據一些法律資料顯示，犯罪者在坦承罪狀之前一般都會有這樣的狀態。他們眼神游移，目光閃爍，總是

迴避詢問者的視線，這大抵是因心中藏有某事或有所愧疚所導致。

當我們跟某個人說話時，看到對方眼神游移，就需注意一下了，是否有什麼言語內容令對方不安，如果是，要注意盡可能地減少誤解。如果不是這種情況，就必須注意有可能他心裡隱瞞了什麼事，也可能他正打什麼壞主意。跟這樣的人打交道，我們應格外細心，以免上當。

如果是關係比較親密的異性，眼神的游移可能還代表著其他含意，或許是他（她）在猶豫，也或許是他（她）心中慌張。此時，你不妨製造一點小幽默，或者自我解嘲一番，以緩解兩人之間的談話氣氛，讓雙方心理上放鬆，這樣更有利於感情的交流。

5 低頭時把眼神上揚的人很自信

這和前面所說的說話時眼睛向右看不同，如果有人在低頭的時候抬起眼睛往上看，代表的是一種自信，或是一種表示順從謙恭的姿勢。

一般來說，女人的這種姿勢對男人具有很大的吸引力，因為這樣的姿勢會讓眼睛顯得更大而且讓女人看起來像個孩子，非常惹人疼愛。

某電視台相親節目中，男嘉賓迎來了一位女嘉賓。這位女嘉賓一上場就微微低著頭，即使主持人要求她抬起頭仔細對坐在對面的男嘉賓觀察一下，她也只是保持這種姿勢，微微抬眼看了

一下。坐在觀眾席裡的人有的開始竊竊私語，不滿意女嘉賓扭捏的模樣。但令所有人出乎意料的是，進入男嘉賓投票階段，二十位男嘉賓裡有十八個人把好感票投給了這位「稍顯做作」的女嘉賓。

為什麼會有這樣意外的結果呢？主持人採訪了現場投票的男嘉賓發現，這些男嘉賓對這位女嘉賓的印象百分之九十都是「眼睛很大，楚楚可憐，惹人疼愛」。

其實，上述案例裡的女嘉賓很有自信，且很懂得如何讓異性對自己產生好感。那究竟為什麼男性偏好這樣的姿勢？為什麼這樣的姿勢會讓人顯得更加溫順，更富有魅力呢？

這種心理反應可以這樣解釋：小孩的身高比成年人矮得多，所以在看成年人時必須抬起眼睛往上看；久而久之，不管是男人還是女人，都會被這種仰視的目光激發出類似於父母般的情感反應。

在婚姻遭遇危機時，英國的戴安娜王妃就用「眼睛向上看」的姿勢博得全世界的同情。戴氏的標準表情是這樣的：下巴微微內收，抬起眼睛向上看，露出纖細的頸項，這個姿勢幾乎已經被戴安娜王妃藝術化了。這種像孩子般的姿勢觸發了成千上萬人的憐愛之情，特別是當人們認為戴安娜王妃遭到英國王室的攻擊時，更是希望能像父母一樣保護她。這種表示順從的姿勢，人們平時並不會有意識地去練習，但是大家心裡都清楚，只要做出這樣的姿勢就會收到預期的效果。

瑪麗蓮‧夢露堪稱女性性感形象的大師。她知道，至少是在潛意識裡知道什麼樣的身體語言能夠讓男人無法招架。在垂下眼皮的同時抬起眉毛，目光往上看，嘴唇微張。幾個世紀以來，女

人都用這種姿勢展現既性感又順從的形象。這樣的姿勢已經成為性感女神的象徵。當然不僅僅是炯炯有神的眼睛造就了這個姿勢的魅力，眉毛和眼瞼之間變寬的距離也功不可沒。

　　現在，越來越多的人知道，在與人交往中，有百分之九十的非語言資訊來自面部，眼、眉、嘴、鼻、面部肌肉的細微變化，都會表達不同的含意。眼睛則集中了面部表情的大部分資訊，從眼神中有時可以判斷一個人是坦然還是心虛，是誠懇還是偽善。如果你想讓自己變得非常有魅力，不妨多試試這種動作。

6 長久的注視是希望得到更多的資訊

　　為什麼有很多人相親次數很多，成功率卻很低？調查統計表明：很多人第一眼印象都執著於對方的穿著打扮與談吐氣質，但卻只有少部分人會在坐定之後注意與對方進行目光交流，這樣的「貌合」「神離」是讓彼此錯失更多機會的重要原因。

　　一家婚姻介紹所做了這樣一個調查：告訴所有參加相親約會的男人和女人，約會對象跟他們的個性非常投合，他們一定會玩得很開心，而且還會找到中意的伴侶。同時，對每個男人都做了一個特別說明：他的約會對象有隻眼睛在孩提時受過傷，而且這隻眼睛至今還有點不太靈活，女孩對這一點也特別敏感。並告訴男人，究竟是哪隻眼睛受過傷，介紹所也不清楚，但是如果湊近了仔細觀察，應該還是能發現。

　　然後，婚姻介紹所的調查者展開了有趣的統計後發現，在長達兩小時的見面會中，所有約會男女都花費了整個晚上的時間來

　　用心觀察對方的眼睛，想要認出哪隻眼睛曾經受過傷。當然，這種努力自然是徒勞無功的。可是，這樣的安排卻促成了相當不錯的結果，約會男女享受了十分親密而浪漫的配對過程，而且樂意再次約會的比例非常高，比婚姻介紹機構往常的平均記錄超出了百分之二百。

　　調查結果說明：長久的注視會激發親密的情感。這個結果同樣適用於職場。通常，員工會避開與老闆直接目光接觸的任何機會，開會時大部分人都低頭或者左右來回交流，很少直視老闆，他們中大多數人認為與老闆直視很尷尬，同時可能也會帶來些小麻煩，比如看穿自己並沒有真正投入開會或者傾聽。但事實證明，那些在工作中經常抬頭注視老闆，與老闆有良好的眼神交流的員工，對工作有更高的熱情和更好的理解力，同時，老闆也對這些員工有更高的記憶力和認同度。原因很簡單：一定程度的注視確實會激發彼此親密的感情，即使他是你恨得牙癢癢的老闆。

　　不過，可千萬不要因此而誤解這種「目光交流」。很多人都曾經聽到過這樣的教導，在推銷或是應徵的場合，應該從見到對方的第一眼開始就始終和對方保持積極的目光交流，直到自己就座為止。但是這種做法卻會給會見者和訪客都造成麻煩，因為這違反了我們和陌生人第一次見面的一般行為習慣。事實上，無論是誰，在第一次見到其他人時，都會先打量這個人的頭髮、雙腿、身材以及整體的精神面貌。所以，如果一開始就執著地與對方進行目光交流，就會限制彼此的視線。這樣的結果就是，希望了解你的人不得不在談話的過程中，不斷地偷瞄你身體的其他部位，同時又因為擔心被發現而變得心煩意亂，甚至無法專注於談話的主題。

　　很多人對這一點感到非常失望，認為這樣的情況不應該發生

在這個注重效率與經驗的社會。但是不管人們高興與否，事實就是事實，隱形攝影機所記錄的許多商務會談場面都證明，一個人在面對他人時總是難以管住自己的眼睛。當一個人走出房間時，所有人都會不自覺地注視著對方的背影，即使他們並不喜歡這個人的長相、談吐或其他。

　　不管人們是否樂意接受，但這就是事實。一個記錄還顯示，會見者在初次見到訪客時，也會走同樣的流程，不管這個訪客是男人還是女人。只不過如果是女性，視野會更寬闊一些，所以她的上下打量不容易被人察覺。在接待相貌不佳、穿戴庸俗的女性訪客時，女人往往比男人更加苛刻。而且，女人在面試男性求職者時，不僅會留意男人頭髮的長度、衣服的款式和搭配，還會觀察男人褲子的褶皺和皮鞋的光澤。當應徵者走出房間時，女面試官甚至會留心應徵者的鞋底的磨損情況，對這一點相信大部分男面試官根本不會注意到。

　　了解了人們在初次見面時的一般行為習慣後，我們就可以總結出一些應對策略了。當你參加一個商務會談時，在見到會見者的時候先禮貌地跟他握手，然後給他提供兩三秒鐘的時間，讓他可以從容地上下打量你，形成對你的總體印象。你可以利用這點時間打開自己的公事包或是資料夾，也可以整理一下可能用到的資料，或者把外套掛起來，把椅子拉得更近一點，然後抬起頭來看著會見者。根據我們拍攝的會談錄影，我們發現這樣的策略不僅能讓訪客給會見者帶來較好的第一印象，而且有助於訪客獲得更好的銷售成績。

7 東張西望的眼睛有逃離的想法

　　東張西望的表情很容易讓人產生不安全感，如果是工作中出現這種情況，常會認為你對當前話題或內容已經厭倦，迫切想要停止並離開。

　　當人們的目光上下左右四處看時，我們通常認為是在觀察整個房間的事物，但實際上這是大腦在搜尋逃跑的路線。因此，東張西望的神情是人們對於眼前的人或事缺乏安全感的表現。

　　在一次相親約會中，坐在小玉對面的是一個乾淨整齊的男人，一身休閒裝，腳上的白球鞋甚至白得有點亮眼。這個人讓小玉覺得非常舒服，她幾乎高興地叫出來：我的MR‧right。但是這麼良好的開始，卻隨著約會的繼續進行而慢慢有了變化。這個男人從坐下開始就在四處張望，眼神恍惚，似乎有點坐不住，雖然竭力說一些幽默的話逗小玉笑，但是雙腿不停抖動，總是在小玉正說話時忽然就扭頭看路過的顧客。

　　這令小玉感到很不愉快，她覺得自己沒有受到重視，於是借去廁所的時候她仔細地檢查了一遍妝容：沒有問題。自己長得又不醜，但為什麼對方會是這樣的表現？起身回到座位的時候，她聽到對方在打電話：「哥們兒，快來救我一下吧，我這兒實在待不下去了，小麗的電話簡訊就沒斷過。」小玉這下明白了，其實不是自己有問題，而是對方的心根本不在這裡。這個男人對此次約會根本提不起興趣，無心談情說愛，只想著能趕快結束約會，逃離現場，擺脫尷尬的境地。

　　當一個人和自己並不喜歡的人說話時，他本能地會想要看別

東張西望的眼睛有逃離願望。

的地方，尋找可能擺脫這個人的辦法。案例裡的男人只是表現得太過明顯罷了。這種東張西望想要逃離的眼神，人們也會下意識地進行掩蓋，有些人有時會用揉眼睛的動作加以掩飾。如果是男人，他常常會用力地揉眼睛，如果謊說得過大，他們還會把視線更頻繁地轉向別處，較多的是看地面，也有的看周圍的景致，為的是在說謊時避免目光與對方的視線接觸；另一些人會假裝拿起放在手邊的文件或者簡歷或者其他書籍，一邊翻閱，一邊和對方對話，這容易給粗心的人一種錯覺：他對談話很用心，但真相很可能是對方心不在焉、想著快點兒結束談話。在這方面，女人表現出了很棒的耐心和堅持，當她們感覺到厭煩的時候，你或許不會看到不耐煩的張望、翻看等動作，而多半是輕輕摸一下眼瞼的下方，這簡直會讓那些粗心的談話對象誤以為她只是隨手那麼一拂而已。

　　如果一個人老是東張西望，或是在談話時總是不看對方的眼睛，那麼我們對這個人的信任度就會急劇下降，儘管他或許只是出於害羞才這麼做。

　　一位初出茅廬的銷售員非常害羞，對面面與客戶談產品銷售的事情還不是很有經驗。每次面對客戶，尤其是女客戶時，他的眼睛就忍不住在客戶和別的地方之間游移不定。這樣的做法讓他的形象大打折扣，幾乎所有人都會感覺他並不專注於彼此的談話，如果是家庭銷售，還會被人認為有點賊樣。所以他很少成單，工作業績也越來越差。

　　直到後來，有人幫助他改掉這種東張西望的習慣，讓他不斷練習集中自己的目光，在面對客戶時把目光鎖定在銷售對象身上，而忽略掉害羞感或陌生感的存在。這個訓練確實行之有效，

他的業績有了明顯提升。

　　當然，改掉東張西望的毛病的方法並非是單一的，很多時候要因人或者因事而異。還有一個更重要的事實不能忽略，那就是有時人們會刻意地控制這種東張西望，因為我們大多數人都知道，目光轉向其他地方是對談話失去興趣的表現，會讓對方感受到自己逃跑的渴望。所以，不少人為了避免引起對方的不快，反而會更專注地看著這個討厭的談話對象，並且用不自然的微笑偽裝出很感興趣的樣子。這樣的行為就像我們之前提過的那些撒謊者一樣，都是利用增加目光相交的狀態，而讓自己顯得更真誠可信。

　　當你發現一些人對索然無味的話題表現得津津有味，更加專注時，就要謹慎了。說不定，他只是偽裝真實感受，在向你傳遞一個錯誤的資訊。

8 說話不看人可能已拒絕什麼事

　　當兩個人彼此眼神相交時，才算是真正形成了互相溝通和交流的基礎。在我們和別人交談時，有的人會帶給我們舒服愉快的感覺，有的人則會令我們局促不安，甚至還有一些人會讓我們覺得不可信賴。這些感覺的產生都是從眼神開始的，而且往往取決於對方注視我們的時間有多長，或者面對我們注視的目光對方有著怎樣的反應，等等。

　　但是，如果對方說話時盡量不看你，那麼意味著對方從一開

始就不想和你繼續深入交流，並已經決定在不想忍耐的時候立刻說出拒絕的話。

薇薇在公司工作了三年，最近因為加班的事情和主管有了矛盾。本來工作中有矛盾是很正常的事情，但是事情過後，這位主管竟然在背後暗中打了薇薇的小報告，向總部投訴薇薇工作態度不夠嚴謹。結果，開會的時候薇薇被點名斥責了一頓。

薇薇實在是氣不過，自己明明沒有做什麼卻反倒被人扯了後腿，這口氣實在難以下嚥，兩個人私底下在公司吵得不可開交。以至於家人、朋友、同事都跑來相勸，薇薇考慮到以後還要繼續在此工作，一直這麼鬧下去也不是個辦法，於是決定和主管言歸於好，主動退讓一步。

週五下班，薇薇主動走到主管面前，彙報自己的工作情況，本想彙報完工作再邀請對方一起吃個飯，誰想到，從薇薇站在桌子前開始，主管的頭就不曾抬一下，始終沒有看薇薇的意思。說什麼都只是「嗯啊」答應。這可讓主動言和的薇薇十分鬱悶，她一氣之下，拿起資料夾摔門走出了辦公室。

儘管薇薇態度誠懇，但是主管頭也不抬的動作卻已經顯示了他的拒絕態度。或者可以說，當薇薇還對和解存有希望時，她的那位小氣主管已經毫不猶豫地對著薇薇說了「NO」。兩個人的交談過程中，如果對方與他人目光相交的時間少於三分之二，一般意味著，他並不喜歡彼此之間的談話，並希望隨時可以結束。如果雙方正在商討一件事情，其中一人正在爭取另一個人的意見，那麼很有可能，自始至終拒絕眼神交流的他已經下了拒絕的決心。上述案例中的主管，很顯然是並不打算與薇薇言歸於好了。

說話時拒絕正視對方，一般有兩種原因：一種是心有愧疚或

個人有不好的隱私時，無法坦然面對對方或者擔心自己被揭穿；一種是乾脆覺得沒有必要繼續與他人接觸，希望省去禮節，盡快將關係切割乾淨。

社會心理學和肢體語言技巧的專家透過調查發現：在交談中，目光相交的長短程度差異很大，最低的只占談話時間的百分之二十五；而最高的則是百分之一百，也就是交談的兩個人始終處於眼神相交的狀態。

目光相交時間的長短，取決於參與交談的對象以及彼此的學歷背景。如果暫且忽略學歷背景，在兩個人互相交談時，如果A很喜歡B，那麼A就會經常向B投去注視的目光。反之，如果在和別人談話時緊張怯懦，注視對方的時間還不到三分之一，那麼對方對你產生不信任感，也就沒什麼可奇怪的了。這同時也說明，為什麼我們在商務談判時不能戴墨鏡，因為這會讓對方認為我們要嘛是藉著鏡片的掩護盯著他們，要嘛是躲在鏡片後逃避他們的目光。

還有一種人則是因為性格內向、不善交際，所以無法將視線集中在對方身上。總而言之，說話不看人的人，很可能是內心還不夠自信或者不耐煩。與這樣的人進行交談時，我們要盡量發揮自己的優勢，避免喋喋不休地重複，要抓住重點，消除對方的敵意，以使談話順利進行。

9 摸鼻子可能在掩飾心中的慌亂

有的人在聊天時常在鼻子下方有意無意地輕碰幾下，也有的

人用非常不明顯的動作很快地碰一下鼻子，有時候完全讓人察覺不出來。採用這種動作的人是為了掩飾心中的慌亂，或是希望轉移對方的注意力，因為他們覺得其他部位更容易曝露出自己正在說謊。

香港某演員在接受媒體採訪時，對自己做錯的事情表示很慚愧，但是，細心的人發現，他在說這句懺悔詞的時候不由自主地摸了一下鼻子——這是撒謊的最顯著標誌。

美國前總統柯林頓性醜聞爆出，在接受法官詢問時，他每四分鐘就觸摸一次鼻子，在陳述證詞期間觸摸鼻子的總數達到二十六次之多。為此，有人分析，與頻繁觸摸鼻子的情況相反，只要柯林頓誠實地回答提問，他就完全不會觸摸自己的鼻子。

這樣的解釋很好理解，因為如果一個人正在撒謊，他就會本能地想要去遮蓋謊言的源頭「嘴」，但是，如果大張旗鼓地動嘴，那就太過明顯了，正是因為有這樣的意識，所以人們就不自覺地改為用撓鼻的方式來偽裝自己，因為撓鼻也有同樣作用，還可以讓人得以安置本用來摀嘴的手。

陶陶上幼稚園不久，每天回來都很興奮地對媽媽講自己在幼稚園一天的生活。這天，陶陶的媽媽去接陶陶放學時，接到了班主任老師的投訴，說陶陶中午不休息，硬是要在其他小朋友睡午覺的時候，自己玩家家酒的遊戲。老師怎麼說都不聽。

回家後，陶陶照例說起了自己的生活，但是絕口沒提午睡時自己不休息的事情。媽媽於是問道：「陶陶，中午在幼稚園睡得好嗎？」陶陶眨眨眼睛，低著頭對媽媽說：「嗯，睡得好。陶陶很聽話。」

小朋友說謊時還不會刻意去掩蓋自己的動作，可能是出於

習慣或者模仿表示出了說謊的暗示，比如眨眼睛。而對於大人來說，說謊時不看人的動作有些過於刻意，所以，用摸鼻子來代替躲避人們質疑眼神的動作就更為常見了。此外，讓人們不自覺去碰鼻子的原因還有一個。有學者發現，當人們撒謊的時候，一種名為兒茶酚胺的化學物質就會被釋放出來，從而引起鼻腔內部的海綿體結構膨脹。說謊者會覺得鼻子不舒服，不經意地觸摸它。

不過，當一個人處在不安、焦慮或者憤怒的情緒之中時，他的鼻腔血管同時也會膨脹。也許，這能解釋一下，為什麼古龍小說中的大俠楚留香會有習慣性撫摩鼻子的動作。

觸摸鼻子的手勢一般是用手在鼻子的下沿很快地摩擦幾下，有時甚至只是略微輕觸，幾乎令人難以察覺。女人在做這個手勢時比男人的動作幅度更小。因為，如果一個人的鼻子在正常情況下發癢，那麼他必須比較用力地摩擦鼻子，甚至是透過挖鼻孔才能消除刺癢的感覺，而不像觸摸鼻子的手勢只是輕輕一摸那麼簡單。

和遮住嘴巴的手勢一樣，說話者觸摸鼻子意味著他在掩飾自己的謊話，聆聽者做出這個手勢則說明他對說話者的話語表示懷疑。單純的鼻子發癢往往只會引發人們反覆摩擦鼻子這個單一的手勢，並且和人們整個對話的內容、頻率和節奏沒有任何關聯。

當然，僅憑觸摸一下鼻子就判斷對方毫無疑問是在撒謊，是片面的。正確的做法是結合其他肢體語言進行判斷，比如皺眉、閉嘴等。

10 愛挑眉的人正試圖示好

　　一個彎眉瞪眼的人，會讓你看上去一臉震驚。然而，眉毛上挑暗示你正努力表現出自己對某人或某事感興趣。

　　英國的查爾斯王子和前首相布雷爾都善於借助挑眉毛的動作來表達自己對他人的友好，因為挑眉正是在暗示別人：「我不是壞人；我對你很感興趣；放輕鬆，我不會支配你的。」挑眉實際上是讓別人解除戒備心理的一個辦法。

　　挑眉不必有多明顯，輕抬眉毛是其中一種。所謂輕抬眉毛，就是在距離稍遠處向人打招呼的姿勢，從遠古時代開始就廣泛地被使用。這個動作的含意不僅通行於全世界，而且就連猴子和猩猩也會用這個動作打招呼，由此可見輕抬眉毛的動作是天生的。

　　把眉毛快速地輕輕一抬，瞬間後又回復原位，這個動作是為了把別人的注意力引到自己的臉上，讓人家明白自己正在向他問好。我們不會對擦肩而過的陌生人以及自己討厭的人做出這個動作。

　　有一個小調查很有趣，實驗者站在一條繁華的街道上，這條街道上有幾家人潮很多的小店。實驗者站在門前，對每一個進出小店或者路過的人都做出輕抬眉毛的動作，先是看著對方輕輕微笑，然後俐落地抖抖自己的眉毛，被這種眉毛禮節打動的人占多數：他們大多發出會心的微笑，同時回報以同樣的挑眉動作。小孩子會歡欣雀躍地跑過來揪揪實驗者的衣服，表達自己開心的心情，有一些買了東西出來的顧客甚至會停下來和實驗者展開一段談話：「這家小店是你的嗎？」「你看起來真有趣，我們能合個影嗎？」實驗者也很愉快，在這條擁擠的街道上，儘管他占去了

愛挑眉的人正試圖示好。

一個人行道的位置，但是他的挑眉動作幫他迎來了一堆友善的朋友。

　　運用好挑眉動作還能為女性帶來更好的異性緣，因為提升眉毛的動作會讓人覺得做出這一動作的人有一種順從的感覺，如果是男人會覺得她很有魅力，想要和她交談一下，知道她的喜好。這方面最有名的例子應該是瑪麗蓮‧夢露，高挑的眉毛讓瑪麗蓮‧夢露顯示出百依百順的姿態。現代社會，有很多女人會把眉毛拔除，然後用眉筆重新畫出眉型。這是為了讓眉毛顯得更高挑，顯示出順從的姿態，因為她們潛意識裡知道，這樣更能吸引男人。而男人如果修剪眉型的話，肯定會從眉毛最高的部分開始修剪。他們會把眉毛修得更低，讓眼睛顯得更窄，製造出一種更有威嚴感的效果。

　　沒錯，現在你已經掌握了一種行之有效的交朋友的好方法：如果你喜歡某人，不妨試試向他輕抬一下眉毛；如果你想讓他喜歡你，還是向他輕抬眉毛，這可是一條黃金準則。

11 皺眉的人隨時可能爆炸

　　皺眉是一種控制力的表現，通常男人會這麼做，他們要告訴別人：「我可能在考慮你說的，但一切由我定奪。」

　　因精神壓力大，工作業績不理想，在一家外商當經理的吳先生，每日眉頭緊鎖，心事重重，即使是吃飯的時候也不時長噓短歎。本以為這只是自己心情的一個發洩，但令吳先生沒想到的

是，在日前的一次半年工作總結會上，他因「表情」不好，遭到主管的檢討。原因是，近期連續有基層員工反映：吳先生整天扳著臉，使辦公室變得「暗無天日」，導致他們內心壓力倍增，從而影響工作效率。

現代社會個人面臨的工作、生活壓力都很大，容易積存一些負面情緒。尤其是身居要職的部門主管，如果沒有一個穩定的心理素質，很容易把自己的情緒在辦公室裡釋放，比如在同事面前唉聲嘆氣、眉頭緊鎖。可以肯定的是，這種負面情緒極會傳染給他人，讓氣氛變得壓抑。

皺眉也分兩種情形，分別為防護性皺眉和侵略性皺眉。防護性皺眉是眉毛自主保護眼睛不受外來傷害的舉動，這種皺眉通常會伴隨著眼睛下面的面頰往上擠的動作，同時眼睛仍可睜開。當人突然遇到強光刺激或者強烈的情緒反應時，會有這種自衛性的退避反應。侵略性皺眉和前者相比有些許不同，雙方都有防護的出發點，但當人表現出侵略性皺眉時，皺起的眉毛會略向外分開，造成眉間皮膚的伸展，使短而垂直的皺紋拉平，同時整個前額的皮膚擠緊向上，造成水平方向的長條皺紋。這種皺眉主要是出現在有厭煩、反對等情緒時。

上班高峰，地鐵裡人來人往顯得異常擁擠。每一個人都要用力往前擠才能把自己塞進擁擠的車廂裡。一個男孩不小心踩了一個女孩的腳。他有點不好意思，趕忙說了聲對不起。但沒想到這個女孩卻不依不饒，開始破口大罵：「你沒長眼睛啊，擠什麼擠！……」男孩漲紅了臉，沒說話。旁邊的人都在勸女孩：「少說一句吧，人家都道歉了。」但是女孩似乎沒聽到，依然罵個不停。地鐵停了一站，繼續前行，又停了一站，又繼續前行，女孩

喋喋不休地抱怨一直沒停，男孩初始漲紅的臉慢慢恢復了正常顏色，只是卻橫眉立目，仔細觀察能發現他的眉頭正越皺越緊。

當女孩一邊看手機一邊持續抱怨時，男孩突然始料未及地伸出手用力打了女孩一巴掌。「啪」！整節車廂一下子就寂靜了下來。

皺眉是人情緒不佳的常有表現，當眉頭越鎖越緊的時候，也就是其內心壓力積聚到一定程度、面臨爆發的時候。故事裡的女孩喋喋不休地抱怨和咒罵，讓好脾氣的男孩最終忍無可忍，暴力相向。其實如果女孩聰明，稍微注意一下對方的表情，適可而止，就可以避免矛盾的發生。

皺眉屬於情緒管理中的一個重要內容，如果一個人常常習慣性皺眉，不妨檢討一下自己最近的情緒。如果心情偶爾不好，可嘗試透過做深呼吸、眺望遠方、喝水等動作來緩解情緒，偶爾皺眉不要緊，畢竟它是人們表達內心情緒的一種方式，但如果常常皺眉，則說明人內心的不良情緒正在積壓，如果不及時釋放，很可能因為一件小事的觸動而引來大爆發。如果你身在多人共處的辦公室，那麼非常有必要控制自己，盡量減少皺眉動作，盡量學會自我排遣，把消極的情緒消滅於無形。

盡量不要皺眉。常皺眉的人心情憂鬱且常會失去機會，久而久之，還會在眉中形成「印堂紋」，讓人覺得衰老並有呆滯的現象。

12 眉毛閃動是對人友善

眉毛是保護眼睛的屏障，它在眼睛上方形成一道屏障，既可

以阻擋灰塵和雨水流進眼睛，還能擋住額頭上的汗珠流進眼裡。眉毛一般是不動的，如果一個人在與對方交談時，他的眉毛做出閃動的動作：先上揚，然後在瞬間再下降，那我們可以理解為此人正在嘗試對他人表示自己的友善。

李先生的主要工作是銷售，前不久，他遇到了一位重要的新顧客。李先生和這位新顧客聯繫了數天，最終在最關鍵的時候，他掌握了對方真正的意圖。

一開始，李先生就知道與這位新顧客有機會合作是一件非常幸運的事情，但同時他也知道要和這位新顧客打交道可不是一件容易的事情。回想起之前的種種，李先生概括說：「他是一位長著兩道濃密的眉毛的老人，非常富有，也有點固執，不太容易相信人。」當他試圖闡述自己的想法時，對方總能不著痕跡地駁回他的看法，這一度曾讓李先生感到很受挫，但在那次關鍵的會面時，他突然想到一個方法，當對方再次反駁自己時，他面帶微笑，誠摯地對對方說：「您一定很清楚，您的反對意見和懷疑理由其實都不是很重要，因為它們無論如何都不能使產品貶值，也不會對您的投資產生威脅。」

這時，李先生注意到，當自己說完這句話時，一直嚴肅地盯著自己的顧客眉毛微微閃動了一下，他知道自己終於成功了。果然，隨後的面談非常順利，不久這位顧客就和他簽訂了合作合約。

眉毛閃動，表明顧客對李先生所說的話很感興趣，下意識地用眉毛的動作表示了自己對李先生的友善。通常，出現閃眉動作之後的五分鐘內是一個人接受新知識的最佳時機，這段時間，對方對面前的事物懷有最大的興趣，在此期間向對方傳授知識或者灌輸一種理論是最有效果的。

　　眉毛閃動雖然出現的時間非常短，但這卻是在全世界通用的一種表示歡迎的信號，是一種對他人表示友善的行為。當一個人眉毛不自覺開始上揚時，說明他彼時的心情非常愉快，從內心贊同別人的看法，並且感覺自己和他人的關係更親近了一步。值得注意的是，除非一個人特別克制，否則一般人眉毛閃動時都會同時伴有揚頭和微笑的動作。

　　如果只有一邊的眉毛上揚，還不能作為對對方喜悅友善的判斷，因為單眉上揚通常意味著對別人的言辭和行為有疑問，如果是雙眉上揚，而且上揚得很厲害，那就是百分之百地表示高興與驚訝了。

　　此外，還有研究發現，小孩出現閃眉動作的頻率會比成人出現的頻率高數倍，且動作要比成人更為誇張，有半數以上的孩子常常會把閃眉做成挑眉，這是因為對於小孩子來說有更多的機會遇到更多的新鮮事，因此也更有機會表現出自己的喜悅與好奇。而隨著年紀的成長，人們出現閃眉動作的次數則會慢慢減少。

　　眉毛閃動經常出現在一般對話裡作為加強語氣之用。每當說話時要強調某一個字時，眉毛就會閃動，像是在強調：「我說的這些都是很厲害的！」

　　總之，眉毛雖然也只是人面部一個很小的部分，但它的作用卻很大——能在一動一靜中透露一個陌生人的心境。

13 輕擦耳朵可能已經厭煩

　　人的耳朵也是一本有趣的「語言」書，懂得「翻譯」的人能

從這小小的耳朵上發現很多「祕密」。

　　耳朵是人們傾聽外界的一個重要工具，同時也是講述人本身情緒想法的一個工具。值得說明的是：沒有人可以三言兩語揭示出「耳朵語言」的精髓和方法，我們需要用另一隻耳朵——來自內心的耳朵，仔細觀察、仔細傾聽，才能夠了解其中一二。

　　一個平常工作日的晚上，小麗正在興致勃勃地和老公八卦從公司聽來、看來、猜測的各種資訊。說著說著，她一眼看到剛剛收拾完的客廳又被老公弄得亂七八糟，於是立刻轉換了話題，開始說老公如何笨手笨腳。小麗的老公似乎是見慣了這種暴風雨似的轉變和打擊，坐在沙發上抱著一副「任你磨破嘴皮，我不吭一聲」的戰鬥態度，一邊虛心接受批評，一邊看電視。

　　從開始弄亂客廳到不知道動手收拾家裡的整潔，又到自我儀表的不善修飾，小麗是越說越起勁，越起勁說得越多，剛才還一直淡定的老公漸漸坐不住了，他耐著性子抬起右手撓了撓後腦勺，輕輕摩擦起了自己的耳垂。

　　輕擦耳朵的手勢通常表示人正試圖阻止自己已感到厭煩的談話。看來不管男人耐性有多好，面對妻子的喋喋不休也無法始終如一地保持淡定了。

　　大家都知道，小孩子如果不想聽大人說話，會淘氣地用雙手堵住耳朵，再藉機跑開，輕擦耳朵這一動作其實與此異曲同工，只不過它更多發生在成人身上。成年人因為出於禮貌，一般不會像小孩子一樣直接在別人面前堵住耳朵，但是又無法對已經厭煩的談話置之不理，於是就把雙手堵住耳朵的動作慢慢地轉換為用手輕擦耳朵。

　　為什麼人在厭煩時會選擇用手擦耳朵呢？這是因為耳朵上密

布著人身體上很多重要的穴位，當人感到厭煩或者擔心時，伸手摸耳朵會刺激這些穴道，尤其是耳垂摸起來非常柔軟，這種柔軟的觸感再加上對穴位的按摩，很容易讓人產生多種愉悅感，而比起堵住雙耳，單手觸摸耳朵明顯要方便得多，因此輕擦耳朵自然就成為人緩解不安、擔憂時自然而然產生的動作。

　　會談中，如果你發現自己的對手有這樣的動作，不妨仔細注意一下：是不是現在正在談論的話題有點無聊枯燥或者進行的時間已經太長，超過了人的聆聽耐心。如果對方有這種動作且還有反覆，請嘗試暫時中斷話題，休息一下，和對方一起喝杯水或走到窗前遠眺一下，幫助厭煩的對方把手從耳朵上拿下來，嘗試改變他的態度！

14 戴不同的眼鏡反映不同的性格

　　眼鏡已經成為人們日常生活中最常見與最時尚的裝飾，偶像明星的代言，讓更多人愛上了這種裝扮。不一樣的眼鏡能為一個人的形象增添幾分不一樣的感覺。無論男女，無論是否年輕，越來越多的人喜歡為自己配戴一副眼鏡來展現自己的風格。

　　研究學者亞倫‧皮斯就說過，眼鏡之所以會產生這樣的效果，是因為它為配戴者增添了兩隻瞳孔巨大的「眼睛」。這種「眼睛」帶來的效果，就如同絨毛玩具上那種大大的眼睛一樣。

　　女性對太陽眼鏡的使用超出了它的一般功能。女性似乎總是擅長發掘普通用品的裝飾性功能。除了太陽眼鏡，為了矯正近視或為了保護眼睛而使用的普通眼鏡，也早已超出了其原本的使用

範圍，成了具有多種功能且很有裝飾意義的大眾用品。有的人配戴眼鏡，就是為了美觀或形成一種氣質。

通常情況下，人們認為戴眼鏡的人具有濃厚的書生氣質，並且更加勤奮聰明。這種看法可能來自於大部分高學歷者因為長久的閱讀習慣而使得眼睛視力下降，需要配戴眼鏡。所以，學歷越高的人，戴眼鏡的機率越高。久而久之，眼鏡便和文化內涵聯繫在了一起。

不同的人習慣戴不同的眼鏡，不同樣式的眼鏡也反映出了配戴者的不同性格。喜歡戴塑膠框眼鏡的人希望表現出穩重且成熟的樣子。在他人面前，這種人通常表現得熱愛傳統。他們很清高，可惜他們保守且缺乏冒險精神，因此成就不大。這種人對朋友彬彬有禮，但是這樣形成的友誼沒有深度。

戴著金絲框眼鏡的人希望當他人看他們的時候，認為他們除了斯文之外，還有學者的風範。這種人喜歡追趕潮流，並且十分注重自己的外表。尤其是與朋友約會時，他們必定穿著光鮮，同時在言語之間，還會暗示自己是有身分的人。在跟別人討論問題的時候，這種人喜歡發表一些獨特的見解，以表示自己與眾不同。

常戴無框眼鏡的人認為自己是客觀的人。面對問題的時候，他們總能夠從大局著想，不會因為一些細節而影響大局。這種人總覺得自己善於用計，因此與人交往時，喜歡兜圈子。其實他們害怕被人傷害，所以千方百計不讓別人接觸他們真實的內心世界。

在生活中可以看到很多人做一些跟眼鏡有關的小動作。比如用手扶一下似乎要滑落的眼鏡。這種動作最為常見，扶眼鏡是為了調整眼鏡的位置，使得焦距對得更準，方便使用者更清楚地去

看東西或者人。如果你的交談對象無意識地做了這個動作，那麼很可能是他對你的談話或者對你這個人產生了興趣。

扶眼鏡可以表示感興趣，另外幾種使用眼鏡的小動作卻可以表達猶豫不決的心理活動。當我們要求一個人做決定時，他如果用眼鏡的一腳去碰觸嘴唇，或者乾脆把它含在嘴裡，那就證明他的內心有些不安，他還沒有想好到底要不要那麼做。眼鏡腳對嘴唇的碰觸能讓他在潛意識裡聯想到嬰幼兒時在母親懷裡吃奶的安全感。還有一種小動作是不停地擦拭眼鏡，這也是為了拖延更長的時間來思考，動作者正在進行激烈的思想抗爭。

所以，當你碰到用這些小動作拖延時間的人，勸導有時並沒有什麼作用，因為他們把注意力更多地集中到自己的小動作上，以此來拒絕你的建議。這種時候，你可以保持沉默，讓他們自己更多地考慮。

口是心非：

無法對你説謊
的嘴

　　上嘴唇碰下嘴唇，説出的話可能是甜蜜的毒藥，也可能是苦口的良藥。一個人的學識、修養、心思可以展現在用詞、組句、表達上，但絕不僅僅展現在這些方面。更多時候，那些華麗的言辭只不過是真正的主人「嘴唇」的一些善於變化的外衣罷了。穿越這些層層的包裝、遮掩，仔細看看對方天花亂墜言辭之下的嘴唇吧，有時候你需要選擇相信你看到的，拒絕輕易相信你聽到的！

1 繃緊嘴唇的人常常很嚴厲

　　嘴是人的臉上運動範圍最大、最富有表情變化的器官。嘴的運動能牽動臉部皮膚、眼睛、鼻子、眉毛的各種變化，所以人們透過嘴能產生豐富的表情，並且嘴的形態變化也非常引人注目。

　　嘴的第一大功能是「吃」，第二大功能就是「說」。有聲的語言是其中一種「說」，人們透過嘴唇、嘴形的變化而發出的無聲的語言則是另一種「說」。在很多影視、文學作品中，作家在刻畫人物非常嚴肅、嚴厲地對待一件事或一個人時，經常這麼寫：「他的嘴唇繃得緊緊的，坐在那裡一動不動，臉上看不到一點笑容。」這說明，嘴唇繃緊是人表示嚴肅嚴厲態度的一種方法。

　　遭遇了金融風暴後，鄭先生所在的公司銷售業績下滑了很多。從前每週一次得意揚揚的銷售業績會，現在變成了緊張的訴苦大會，本來就不是很寬容的日本老闆最近越發嚴苛。

　　鄭先生手下一個新的業務員正在作報告，顧客數量本來就不多，業績也不太好，但小業務員偏巧廢話又多，彙報時囉里囉唆，還幾次弄錯了幾個資料。鄭先生悄悄看了看坐在對面的老闆，發現那厚厚的嘴唇繃得越來越緊，身體也越坐越直，他不禁在心裡罵了一句髒話，想道：「完了，這個月必得被扣錢了。」

　　果然，小業務員的報告剛結束，老闆就立刻批評了一頓，非常嚴厲地質疑大家到底有沒有拿出認真工作的態度來為公司創造業績，最後離開時，還不忘冷冰冰地吩咐秘書：本月獎金全體減半！

緊繃嘴唇的人常常很嚴厲。

　　當人們開始表現出不滿、焦慮時，嘴是最大的「洩密人」。習慣繃緊嘴唇的人通常都很嚴厲。

　　嘴唇繃緊時，嘴會習慣性地向外微突出，雖然看不到牙齒，但這種因為生氣或不滿而繃緊的嘴唇就和一些動物準備攻擊的「露牙」動作有相似之處，比如小狗、小貓被惹怒，準備發起攻擊行為時，就常常齜牙咧嘴以宣洩自己的情緒。

　　平時常用力抿嘴的人和不常抿嘴的人相比，耐心可能要差一些，這也表示繃緊嘴唇極有可能是他們正在積存不滿和怒氣，或許還是馬上就要進行口頭攻擊的一種信號。

　　生氣時把嘴唇繃得緊緊的，目的就是為了克制自己的情緒或者盡量避免受他人情緒的影響。可以預見的是，一旦這種人對不滿情緒失去控制，就會有大爆發。

　　當然，繃緊嘴唇有時也是一種緊張和集中精神做事的表現，有時，人們繃緊的嘴唇裡也暗藏了一種壓抑的悲傷情緒，比如很多小說裡在描寫到人物非常難過但是又無法宣洩時，也會用「他繃緊了嘴唇，強忍住眼淚」這樣的說法。我們在判斷時，需要具體問題具體分析。

　　如果自己周圍有習慣性用力抿嘴的人，我們建議你不妨經常勸告對方放鬆一下，提醒對方經常說些語氣和緩的話，幫助他把正在逐步積存的不良情緒提前發洩掉。

 2 嘴角上翹可能是滿意也可能是蔑視

　　據說擁有嘴角上翹的臉型是合格的桃花臉，因為天生嘴角上

翹的人即使並沒有做出微笑的表情，看起來也很像是在對人淡淡微笑，這很容易讓人理解為友善的表達，因此具有非凡的魅力。仔細觀察一些明星，他們就常常做出嘴角上翹的動作，來展現自己的親和力。也正因為如此，生活中我們習慣用「嘴角向上」這樣的描述來形容輕鬆愉悅的微笑。但如果對方雙唇緊閉，只有左嘴角上翹，那你就要小心了，那可不是滿意的表現，而代表了一種蔑視。

小郭在公司是個普通職員，別看沒有頭銜，但在公司也屬於一個風雲人物：官員來視察，主任親自點小郭一起陪席；執行長來開會，看了小郭做的報告，又對主任誇獎年輕人有潛力，是個人才……總之，大事小事總少不了小郭的身影。

副主任調職，職位空出來了，大家私底下都在議論誰能輪上去。說來說去，目光集中到了兩個人身上：小郭和秘書金小姐。金莉小姐是秘書，人長得很漂亮，做事乾脆俐落。

副主任人選會是誰？小郭覺得自己是不二人選，至於金小姐，那根本不是對手。於是小郭在金小姐面前開始表現得很傲氣，有事沒事就以副主任的姿態指手畫腳一番，金小姐倒是從來不拒絕，閉著嘴做出一副微笑的樣子，不少人都以為金小姐已經處於下風了。只有金小姐的朋友小歐知道：金小姐打心眼裡看不起小郭的跋扈。

仔細看看金小姐每次微笑的表情，會發現她的微笑通常都緊閉雙唇，五官緊縮，嘴角上翹看起來是在微笑，可是左嘴角明顯上翹的幅度要大一些，而且每次說話時頸部以上都會微微向後移動。這種表情是明顯的輕蔑與不屑。雖然隱藏得很好，但是厭惡的情緒卻在不經意間流露了出來。為什麼這麼說呢？因為真正的

嘴角上翹會牽扯從鼻子到嘴角的皺紋，還包括眼睛周圍的笑紋，而蔑視的上翹是看不到這些的。

如果你感覺到和自己對話的人面部表情越來越僵硬，嘴角在上揚，卻感覺不到笑的張力，那證明他的心情正在變糟糕，對你的好感正在逐步消失。

在工作中，常常能做出嘴角上翹動作的人多擁有秘書能力，善於處理繁雜的事務，而且往往面對的事情越繁雜他越會感覺有趣。與此同時，他們具有很好的口才，如果和他們對話的人不能在氣場上壓過他們，不能讓他們感受到豐富的學識、快速的反應力，那他們通常都會以這種小動作來表達自己的不屑。他們不會直接發表意見或者做得非常明顯，因為這種人自視很高，不願意為這種事情而無謂地惹怒他人。

由此可見，下次當我們碰到喜歡嘴角上翹的人時，要謹慎了，千萬別給一點陽光就忘乎所以，覺得自己無所不能了，小心對方可能正在不停地流淌著對你的蔑視吧！

3 捂嘴的人可能撒謊也可能自卑

不自覺地摸脖子、舔嘴唇、捂嘴等小動作透露出人們對自己的表現有些沒自信，潛意識希望借助小動作來掩飾自己的緊張情緒。其中，說話時用手偶爾輕輕捂嘴，還說明那個人有可能正在撒謊。

某主管私生活不檢點，與多位女性保持不正當關係，還拍攝

了大量私密照片。結果這些照片不小心大量流出，對很多人都造成了很大的傷害。事發後該主管被檢舉，在法庭上他主動要求向受害者道歉，短短幾分鐘的發言裡，他一直表示「希望受害人盡快忘掉此事，重新回到健康和開心的生活」，似乎是為了表示自己此刻沉重的心情，他抬起手輕輕捂了捂嘴唇。當再次說「對不起」時，他順便舔了舔嘴唇。

用手捂著嘴巴，是為了阻止嘴的活動給別人過分明顯的暗示，掩蓋正在撒謊的行為。嘴還是發聲的主要器官，捂嘴一定程度上也是為了掩飾內心的不安，因為撒謊者肯定知道撒謊不對，有可能會給自己或別人帶來傷害，但因為某種原因，卻不得不繼續編造謊言。

世界上沒有完美的謊言，撒謊者總是會露出自己的馬腳，捂嘴就是其中的馬腳之一。下意識地用手遮住嘴巴，表示撒謊者試圖抑制自己說出那些謊話。有時候人們是用幾根手指或者緊握的拳頭遮著嘴，意思也是一樣的。還有的人會假裝用咳嗽來掩飾自己遮住嘴巴的手勢，相信大多數人都會有這樣的經歷，一些影視作品中就經常會出現這樣的鏡頭：某大亨在講預先編造好的謊言時會假裝鎮定沉著地用拳頭捂住自己的嘴唇，一些對真相的慌亂的掩蓋，則大多會伴以嚴重的咳嗽試圖轉移他人的注意力。

察覺到這個動作的人都會感覺出做這個動作的人有點鬼鬼祟祟的。同樣，如果你發現在自己說話的時候，其他人無意間捂著自己的嘴，那很有可能表示你所說的話他們並不相信，可能他人正認為你隱瞞了一些事情。如果對方沒有捂嘴，而是做出了雙臂在胸前交叉的動作，這種拒絕接受的姿勢也可能與捂嘴的手勢有相同的含義。

　　如果遇到這種情況，你該怎麼辦？我們的建議是：遇到這種情況，你應該立刻停止講話並且詢問：「是否有什麼問題？」或者用更委婉的話來轉換一下氣氛。

　　比如：「我發現有的朋友不太贊同我的觀點，歡迎大家各抒己見，說一說，讓我們一起討論一下。」透過轉移傾聽的重點，讓傾聽者提出自己的異議，讓持懷疑態度的人有機會來解釋一下自己的想法，同時也給自己一個機會回答別人的問題。

　　用手遮住嘴巴就如同把食指豎立在嘴唇前說「噓」的手勢，都是一種表示非禮勿言、不得罪人的手勢。這個「噓」的手勢是提醒別人不要隨便說出自己的真實想法，如果是別人對你做出這一手勢，你肯定知道他對你有所隱瞞。

　　那些習慣在笑的時候摀嘴的人大多性格內向、保守，甚至有點自閉，因為他們不敢過多曝露自己。如果是女人會表現得很溫柔。但與撒謊有點相似，這種人一般不會輕易向別人吐露自己的真實想法，即使對方是自己的親朋好友。如果對方是個陌生人，則會存有相當大的戒心。

　　另外，摀嘴笑的人在戀愛的時候不夠大方，他們不會很明白地表示出來人家約他好還是不好，就是連笑也要掩飾住。至於到底答不答應或者要不要主動約人家，在態度方面也表現得不夠大方，因為他們天生就不夠自信。

　　他可能會在有選擇或有矛盾時順從對方，尤其是當他們面對的是比較喜歡而又比較強勢的人時。

　　不管怎樣，生活中，當你與經常摀嘴笑的人來往時，要謹慎一些，如果對方是女性，則要注意態度要更溫和一些。

4 嘴巴以下瘦削堅硬的人比較倔強

　　無論是漫畫還是電影，人們似乎已經習慣了用一些擁有瘦削堅硬的下巴的人物形象來指代一些性格很不容易改變的人。就通常意義而言，下巴並不屬於五官範圍之列，但它對臉部的輪廓線條卻有著至深的影響。下巴與嘴巴緊密相連，一張完整的臉，即使五官平平，如果有一個線條非常流暢而均衡的下巴，也會給人清朗悅目之感。但是如果下巴有外形缺陷，太粗、太尖、太短都會破壞臉部的整體形象，顯得五官沒有神采。

　　理想的下巴約占整個臉長的六分之一，從側面看，與眉心在同一垂直線上。過粗或過肉的下巴會讓人顯得臃腫，大部分人都喜歡修長的下巴，因為修長的下巴很容易顯得人優雅而靈秀，但下巴過瘦過長的話，易給人以冷傲、矜持、缺乏親和力的感覺。這也很容易理解，因為通常來說，下巴瘦削堅硬的人一般都比較倔強，性格裡有爭強好鬥的特徵。所以，擁有瘦削下巴的男性看起來更加堅毅和強勢。

　　為什麼下巴與人的性格有如此的聯繫呢？研究發現，攻擊性傾向越強的人，其睪丸酮含量就越大，相應的下巴也常常要顯得大而有力。相反，攻擊性缺乏，比較容易妥協的人睪丸酮含量明顯比前者低，下巴也往往比前者要小，且圓潤。通常說來，男運動員（在一定程度上包括一些女運動員）的頜骨的尺寸比平常人要大。從通常意義上講，這種大的頜骨是與較強的爭強好勝性有著某種聯繫的。

　　具有較強的爭強好勝性格的人總是突出他的下巴，這實際上就使得下巴的骨骼和肌肉變大，至少看上去顯得更為突出，而越

常有撫摸下巴的動作。大部分人在傾聽或思考的過程中，都會將一隻手放在臉頰旁邊，這意味著他們正處在思考當中。這其中，擁有尖下巴的人的數量也常常占得多一點。

下巴瘦削堅硬的人的性格倔強，比較好強，但是他們也有突出的優點，那就是做什麼事一定要達到目的，且擁有較好的創造性。

面對這類人，注意不要以硬碰硬，應學會逐步引導，慢慢溝通。可以為其暫時不同意的事情出謀劃策，提供機會，幫助他處理問題，讓他自己拿主意，一旦他能夠理解還有更好的辦法可以完成這件事，自然就會做出相應的改變。對這種人，切忌嚴厲指責與批評，因為對於不容易改變觀點的人來說，指責與批評正是讓他堅定自己看法的推動力。

5 用指尖撥弄嘴唇的人很不安

你或許已經注意到了，有時人們為了提醒別人保守一個祕密，或者希望他人保持安靜的時候，會做出將食指放在嘴唇上的動作。有時在感受到壓力的情況下，有些人也會用手指撥弄嘴唇的動作來尋求安慰。這些動作，幾乎所有人都會做到，那有什麼特別的含義嗎？

在甄試新人時，王先生遇到一個很有趣的面試者，每次回答問題時都滔滔不絕，口才很好，說話時表情也很明朗，但就是有一個小毛病，總是說著說著就要用食指去拂拭一下嘴唇，好像

用指尖撥弄嘴唇的人很不安。

嘴唇上黏了什麼東西似的。他有點不太理解，是對方很緊張嗎？但是看他口若懸河，鎮定自若地回答問題，根本找不到緊張的痕跡。

儘管如此，這個面試者還是順利通過了初試，進入了複試。複試是公司老總親自主持，王先生發現，那名有趣的面試者在複試中用手指擦拭嘴唇的動作與初試時比起來更加頻繁。這下他明白了，對方看起來雖然很鎮定，但還是因為層層的審核而感到不安。手指撥弄嘴唇正是他克服這種不安的小動作。

我們在與人交談時經常會發現上述案例中提到的情況，有些人說話時常無意識地用食指或大拇指去撥弄嘴唇，看起來很像是嘴唇有點乾燥或者正在思考問題，其實這些都是內心不安的表現。用食指及拇指的指尖來觸摸嘴唇，和用手輕擦耳朵產生的功用是一樣的。嘴唇是人說話的主要器官，用手指輕輕撫觸，可以讓自己感到一種支持，嘴唇柔軟的觸感與溫暖的溫度，傳遞到指尖，也帶給人一種放鬆感。

當一個人的不安感增加時，光用指尖碰嘴唇是不夠的，有的人會開始用牙齒輕咬指甲及手指關節，過於不安的甚至會把指甲不知不覺咬成鋸齒狀。因此，如果某些人在談話間頻頻用食指或大拇指來撥弄嘴唇，或者在不停地用牙齒咬手指、指甲，那說明此人正在努力克服內心的不安，力圖鎮定情緒。

有這種習慣的人性格通常會有些焦躁，比較容易緊張，一些心理上不太成熟的人一般也會有這種表現。

但這個動作並不是單純地將手指放在嘴唇上，經過調查發現，這是人們毫無意識地來回滑動或者摩擦的動作。這種無意識的安慰行為來源於人在嬰兒時期的體驗，是一種潛意識裡對母親

懷抱裡的安全感的渴望。著名漫畫《史努比》裡就有一個這樣的小孩形象，他總是離不開毯子，總是將毯子含在嘴裡。

其實這很寫實，對於幼兒來說，如果他們感到不安，可以吸吮母親的乳頭來緩解內心的恐懼，對於年長一點的孩子，可以將自己的拇指或者毯子含在嘴裡，作為母親乳頭的替代品。但對成年人來說，那些動作明顯不太合適，所以成人就透過把手指放在嘴唇上的動作來獲得一點支持。這麼說來，你還可以將抽菸、叼著菸斗、銜著鋼筆、咬眼鏡架、嚼口香糖等動作同理對待。

人的手上共有二十七塊小骨頭，手部的骨頭透過一個網路狀的韌帶結構互相連接，依靠肌肉的拉伸來完成關節的各種活動。科學家們早就已經發現，人類雙手與大腦之間的神經關聯遠遠多於人體的其他部位，雙手的動作或手勢往往能夠準確仔細地反映出我們內心的情緒狀況。與此同時，由於我們通常會將雙手置於身體之前，所以手部的動作哪怕再細微，都很容易就能觀察到。

在許多國家，手的一大作用就是充當「隱形的標點符號」，在談話中產生談話者角色轉換的作用。最先使用「舉手」這一動作的是義大利人和法國人。

這兩個國家的人被公認為是世界上在談話中雙手使用頻率最高的「手語者」。與此完全不同的是，在英國，人們普遍認為說話時手部動作過多是一種不禮貌的行為，只有那些缺乏教養的人才會這麼做。

經過前面的一些描述，我們知道，大部分用手接觸嘴唇的動作都與撒謊和欺騙有關，但是手指撥弄嘴唇的手勢卻只是內心需要安全感的一種外在表現。所以，遇到做出這個手勢的人，不妨給予他承諾和保證，這將是非常積極的回應。

6 咬嘴唇的含義多多

　　咬嘴唇的動作是一種含義十分豐富的肢體語言。在不同的場合，人們會用它傳達不同的內心狀態。

　　有的人內心感覺緊張時會咬嘴唇，例如犯了錯誤的小孩在面對老師或父母時、十分內向的人需要對眾人發言時等，都容易出現咬嘴唇的動作。之所以如此，可能與人體在緊張時的生理反應有關。

　　緊張時，人的心跳會加速，血液的流動會加快，流經唇部的血液也會相應增多，導致人的嘴唇出現一種微脹感或微癢感，這種感覺會讓人下意識地去碰觸它，而碰觸嘴唇最簡單又最隱蔽的方法，當然就是上齒輕咬下唇了。

　　當人們感覺焦慮時，也容易咬嘴唇。一個非常典型的例子是，在恐怖襲擊事件發生後，獲悉親人在現場消息的人就下意識地咬住了嘴唇。在許多場合，只要涉及令人焦慮的事情時，人們都容易做出這個下意識的動作。據說美國前總統小布希就習慣用咬嘴唇來表達自己的緊張焦慮情緒，在一些公開場合，當所處局勢讓他感覺有壓力時，他也會用這個小動作來掩飾自己的焦慮。

　　有些人在感到惱怒時，也會出現咬嘴唇的動作。最明顯的例子就是在賭場，當某人不幸拿到一手爛牌時，他多會鼻子輕皺、輕咬嘴唇。如果恰好其對手還是個深諳人們心理的人物，那這局對於他來說就十分危險了。

　　如果仔細觀察，你會發現運動場上的運動員們在遭遇失利時，多會做出咬嘴唇的動作。在這種場合中，咬嘴唇除了表示焦慮外，也可以說是在進行自我懲罰。再例如，有些比較要強的孩

子在考試考砸後，甚至會將自己的嘴唇咬出血泡或乾脆咬破，這種反應都屬於自我懲罰的行為。

被人誤解或侮辱時，許多人也會很自然地做出咬嘴唇的動作。顯然，這是人們心存不滿，但又希望能夠控制自身情緒的一種隱忍的表現，也可以看成是他情緒爆發的前期階段。除了咬嘴唇外，有些人在內心緊張，感覺不安全、不舒適時，也會下意識地咬筆桿、咬指甲等，以期獲得心理安慰。這些動作可以看做咬嘴唇的變體，與其有著相似的含義。

綜合上述，不難看出，咬嘴唇在一般情況下都傳達了一種消極的意思，使動作執行者在無形當中透露出自己內心的負向情緒。正因如此，很多人都希望改掉動不動就咬嘴唇的毛病，避免被對方看透內心。那麼，如何才能改掉此類動作呢？

首先，你可以利用心理暗示。心理暗示有強大的效用，當你一遍遍地告訴自己「我不緊張，我不緊張」時，在很大程度上，你的緊張感就會被緩解。因此，針對自己最容易出現咬嘴唇動作的心理狀態，你可以設計一句簡短的有助於舒緩情緒的語言，在每逢那種心理出現時便反覆默唸。

其次，你可以試試心理療法中的「系統脫敏療法」。具體來說，你可以在每次咬嘴唇時，就強迫自己去做一個令自己不舒服又比較隱蔽的動作，如用指甲狠狠地掐自己一下，或者用力咬一下自己的舌頭等。長此以往，你就會漸漸消除這個動作。

最後，要提醒大家的是，如果你正在參加工作面試或者初次與異性約會，那麼無論如何，你都要避免此類動作，不僅因為它們看起來不美觀，還因為它多半傳達的是一種負面信號，會讓對方對你的印象大打折扣。

⁷口是心非的人正在走神

　　有時人們回答別人提問時反應會慢半拍，嘴上說的話和身體動作不協調。這時候你可千萬不要傻傻地繼續將同一話題滔滔不絕下去，應該盡快將發言權讓給對方，否則對自己寶貴時間來說可能是嚴重的耗損。

　　當你結束一段話題時，對方的回應是「什麼？喔，那個啊」「不好意思，我剛剛沒聽清楚。」「喔！然後呢？」當對方說出這類反應慢半拍又急於補救的詞彙時，他們剛才絕對沒在聽你說話。

　　在心理學上，這些詞彙屬於社交上的「自動防衛句型」，多半是因為沒注意聽，但為了不想讓對方感到尷尬，便用這些語句企圖緩解反應不過來的停頓時間。

　　會使用這類句型的人，雖然因為本身因素沒有聽你說，但對這場談話還是抱持尊重的態度，另外挑個時間再談，成效會不錯。

　　有些人會頻繁地和你互動，可是很奇怪，每次他們想和你互動的話題，都和你說出的議題毫不相關。例如，你剛說完產品規格，他們會興沖沖地告訴你：「不錯啊。對了！你知道嗎？我昨天在路上看到一場車禍。」「你有沒有看到這則新聞？」等。

　　這種類型的人常會把人帶離話題，只談自己想談的主題，除非你能把他們正在談的東西和你的產品掛鉤，否則恐怕會一直沒有交集地談下去。

　　有時，走神的人可能不會用牛頭不對馬嘴的語言來回答你，但他們做出的一些小動作曝露了他們正在心不在焉的事實。有些

口是心非的人正在走神。

人一邊聽你說話，一邊手卻安靜不下來，一下撫弄桌巾，一下碰碰水杯，一下看看手機，下一刻又玩起紙或筆，他們雖然會常抬眼盯著你，但心裡卻覺得這場談話真是無聊透頂，恨不得下一刻就跟你說再見。

會做出這些小動作的人，基本上也不太介意你發現他們感到不耐煩，屬於比較隨性的性格。

當你發現對方做出這些動作時，應該主動終止談話，也不要在現場約下次見面時間，之後再電話聯絡會比較好。

通常當對方不斷輕輕摩擦或抓拉另一隻手的手指尖時，表示他們正在煩惱別的事情，心裡千頭萬緒，很難專心聽你說些什麼？

大致上，抓拉右手較傾向於為目標不確定的問題而煩惱，例如為明天的會議緊張；抓拉左手，則傾向有問題或困擾正待解決，例如要替小孩準備的美勞用具還沒買。

相較來說，拉右手的人分心程度會比拉左手的人更大，因為他們面對的是未知的壓力，你再怎麼努力想吸引他們的注意，恐怕都是徒勞無功。

旁邊有人咳嗽、東西掉落、遠處有煞車聲，他們的視線馬上轉移，好像隨便什麼事情都比你說的話有趣。事實上，他們心裡也的確是這樣想的。這表示你的說服方式不是他們要的，他們很難專注聽你說完。也許你該請他們發表看法，並乘機更細心觀察他們的個性表現，否則再約幾次恐怕也是同樣的結果。

一般在對談中，基於基本禮儀，很少有人會公然出神，當你發現對方大部分時間都目光無神時，幾乎代表他們已經筋疲力盡，可能是心理上的疲累，也可能是體力已經耗盡，讓他們連「假裝」聽你說話的力氣都沒有。如果可能，你不妨開車送他們

回家，他們會感激在心。

　　當然，這通常只是單一性的偶發狀況，如果你正好碰到了這樣的情況，我們建議你和他們改約下一次見面再繼續談主題；如果你也有點空閒，當下不妨放輕鬆，聊點打發時間的平常事即可。

8 抽菸姿勢展示性情

　　不少男士愛抽菸，從嘴叼香菸的姿勢、手拿香菸的姿勢中也可看出一些性格。

　　習慣把香菸叼在嘴裡的人，心地善良，富有愛心，別人有困難一定會出手相助。他們非常熱情，但是有時會因此而有些情緒化，從外表看這類人非常積極樂觀，但常有不切實際的表現，愛插嘴，因此時常上當惹麻煩。他們較少分場合，如果他們感覺不好，需要發洩，常會當場爆發，因此，有時會給人留下心浮氣躁的印象。

　　用食指和中指的第一指節夾香菸的人，一般比較愛乾淨，有時會格外講究。這類人通常都比較敏感，有時難免會有比較神經質的表現。但同時，他們悟性也很高，富有靈感，構想很高明，缺點是動手能力稍差，缺少付諸實踐的行動。他們細心、認真，對什麼事情都很操心。雖然工作很認真，也非常有能力，但是因為缺少一定的決斷力，所以不大容易被上司重用。這一類型的男士在結交女性朋友時，常表現得很有紳士風度。

　　與上面這類型的人相比，有的人習慣用食指和中指的指根去夾香菸。手指空餘出很長的部分。這類人多半具有積極樂觀的態

度，做事乾淨俐落，有時會因為節奏太快而遭人埋怨。男士富有男子氣概，但有時會隨心所欲。他們做事盡職盡責、也愛幫忙、管閒事、人緣比較好，往往有不達目的不甘休的做事風格，有進攻性，情緒外露，事情順利時會表現得很高興，一旦遭遇失敗容易消沉。

習慣手心向外，用拇指和食指的第二指節夾香菸的男士，是社交大王。他們天生的自來熟，幾乎與任何人都能說得很投機，很快成為朋友。這類人性格直率，少有拐彎抹角，也因為這樣的原因，容易為自己帶來麻煩。他們做事很有熱情，不過有點虎頭蛇尾，不是很有耐心。因此，遇到困難時，常常容易半途而廢。心地善良，容易受感動，非常富有同情心，但是有時也因此而有八卦的嫌疑。他們的嘴不太嚴，有時容易洩露一些祕密而引來抱怨。

手心向裡，用拇指和食指的第二指節夾香菸的人，城府較深，不容易向他人袒露內心，知己不多。這類人與別人交往時，抱有很高的警覺性，常讓人感覺到難以接近。他們性格倔強，有時難免保守，缺乏變通，不過如果正好他們心情不錯，那變通也不是問題。這種人一旦下定決心去做什麼事情，就會謹慎周密地做計畫，然後義無反顧地去執行，較少考慮別人的感受。

那些習慣用拇指和食指捏著香菸的人非常喜歡親近別人，但因為有時過於敏感而讓人無所適從。他們性子較急，如果一件事情反覆三次以上還做不好，會變得更加煩躁，情緒有時不太穩定，比較爭強好勝。這類型的人有時會比較任性，彷彿還未長大的孩子，常有矛盾心理。

需要指出的是，並非一個動作反映一種心境，有時一個動作在不同的場景中，暗示的是不同的含義，或者流露的是不同的心境。我們有必要結合其他微表情，對具體問題進行具體分析。

笑看風雲：

不同的微笑不同的含義

　　笑的世界並不一定都是明媚天氣、燦爛陽光，也可能是幽幽深谷、絕情黑暗。大腦指揮面部形成了各種含義甚廣的微笑，這些微笑或真、或假、或誘、或害。但是，笑容還需要五官的同心協力、精誠合作。只要仔細觀察你就會發現，微笑時五官各自的獨特變化，透過這些變化就能輕易分辨出哪種笑背後是鮮花，哪種笑背後是陷阱。

1 微笑時緊閉雙唇的人拒人千里之外

一個人微笑時，如果眼睛在笑，但是嘴、面頰以及身體的其他部位並沒有連帶地「動」起來的話，那麼，就不能把這種微笑看做是親密的、友善的、帶有誘惑性的。雖然這種微笑表面上表示著一種歡迎姿態，但是它卻含有一種冷若冰霜的感覺，不許別人接近，拒人千里之外的態度。

在一些空中小姐或者走秀模特兒的臉上就常帶有這樣的微笑。做出微笑的動作，但神色上卻掛著醒目的警示牌：不可侵犯。雙唇緊閉的微笑一般暗示了三種可能：第一，隱藏了某個不為人知的祕密；第二，不願意分享自己的想法、觀點；第三，不喜歡對方又不想被對方知道。

有的人在微笑時，會用手輕輕地半掩住嘴，或用別的什麼東西掩嘴而笑，這是一種很能被人讚賞的優雅的微笑。但因為優雅，所以你可能看不到臉部其他地方的變化。這個時候就需要注意一下手的動作。仔細看一看，如果對方的手或其他物品並不是掩在嘴上，而是輕輕觸摸在嘴角邊的臉頰上，那麼就要小心了，因為通常這樣微笑的人都很有心機，有很深的城府，他不會輕易相信別人，更不會輕易地把什麼事都告訴別人。這個時候所展示的微笑，只是基於禮貌和防範心理的假面具罷了。

在現代社會，有很多人會把這種表面之笑當成一種委婉的拒絕。

張大嬸在街上碰到了李阿姨，張大嬸很高興，她興高采烈地和李阿姨談起了自己的小孫子，李阿姨儘管微笑著望著張大嬸，

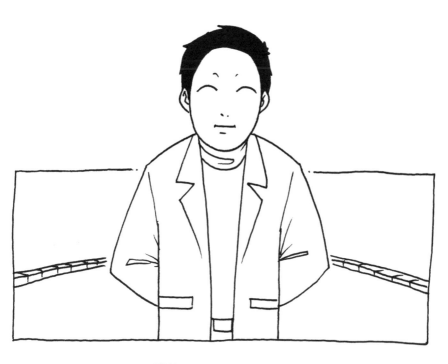

微笑時緊閉雙唇的人拒人千里之外。

但能看出眼神游離在兩人距離之外，眼睛微微做出笑的樣子，但是手輕輕地放在臉頰上，腳尖卻朝向和張大嬸相反地方向，這說明其實她並沒有在聽張大嬸講話，因為她沒有任何應和話題的表示。李阿姨的表現就等於婉轉地告訴對方：「我對你說的話一點也不感興趣，對不起，我不想再聽下去了。」

出於禮貌，李阿姨並沒有抬腳就走，但是她的笑顯然只是應付。雖然表面上微笑著應付，內心裡卻正在表示婉轉的拒絕。

遇到自己不喜歡的人而又不想讓對方知道這一點的時候，通常也會露出這樣的笑容。在其他人看來，這種微笑其實就是一種非常明顯的拒絕信號。然而，大多數當事者卻很少能明白微笑背後的含意。

不過，不管怎麼樣，笑臉中最重要的是嘴形。嘴形不同，嘴角朝的方向不同，微笑也不同。如果想讓別人不當面看穿你的笑容，那就努力鍛鍊一下你的嘴部肌肉。嘴部肌肉跟其他部位的肌肉一樣，使用得越多，越可以形成正確的移動。

2 微笑的臉不對稱可能是假笑

微笑是人類最基本的表情，而人是微笑的唯一媒介，微笑時人的面部表情因嘴唇的展開、眉毛的上揚和面部肌肉整體的平緩向上，而給他人帶來一種愉悅舒展的感覺。微笑也分很多種，我們已經區分了一些微笑的不同，儘管你可能已經將那些文字爛熟於心，但對於真正的微笑和虛假的微笑，你可能還是分不太清

楚。下面就教你一個簡單但非常有效的區分方法——觀察微笑是否均衡對稱，仔細看魚尾紋肌是否有變化。

　　有研究證明：真正的微笑是勻稱均衡的，笑在面部的兩邊是對稱的，也就是說臉頰的肌肉運動應該是基本一致的，兩側的皮膚反應是一樣的。而偽裝的笑容則有些不均衡，仔細看你就會發現假笑時，很可能只有臉的一側是微笑的，而另一側卻沒什麼表情或者比較僵硬。

　　為什麼會出現這樣的結果呢？當我們看到一張笑臉時，我們的大腦神經就受到指令，指揮面部肌肉展示微笑，因而，會以微笑來回饋對方。而在一張扭曲的笑臉上，兩側臉龐的表情恰好相反。這種歪臉的微笑大都是人腦意識作用的結果，其所傳遞的資訊也只有一個——挖苦諷刺。這種歪臉笑不真誠、不自然，不但不會為形象增光，還會破壞原來坦然的形象。

　　除此之外，觀察魚尾紋肌也是一個行之有效的區別真笑與假笑的方法。魚尾紋是指在人的眼角和鬢角之間出現的皺紋，其紋路與魚兒尾巴上的紋路很相似，故被形象地稱為魚尾紋。不管是小孩還是老人，在真正微笑時，都會張開嘴巴，有嘴角上揚的動作，此時能明顯地看出眼角的魚尾紋肌是皺在一起的。年輕人可能沒有魚尾紋，但無論有沒有魚尾紋，魚尾紋肌都是一樣的。假笑時，嘴部展開的動作不自然，即使看上去和真笑時動作一樣，但因為沒有真正牽扯到面部肌膚，所以魚尾紋肌不會有什麼變化。

　　你也可以找一些明星微笑的海報、照片看看，如果發現他們的魚尾紋肌沒有明顯地皺在一起，說明那是假笑：只是為了配合拍攝擺出的姿勢罷了。

　　絕大多數人都無法準確地區分真笑與假笑，而且只要看見有

人衝我們微笑，我們大都會有一種滿足感，而從來不會去思考這笑容究竟是真還是假。

由於微笑具有讓人放鬆戒備，消除敵意的作用，所以大多數人常常錯誤地把它當成撒謊者的專利。因為大多數人都會把微笑和謊言聯結在一起，所以他們會有意識地克制自己，盡量不露出笑容。撒謊者的笑容出現速度比發自內心的真笑要快，而且持續的時間也更長，看上去就好像是戴著一個笑咪咪的面具。

如果是假笑，由於我們的左右兩個半腦都希望能使笑容看起來顯得更加真實，所以在意識的控制之下，左側臉龐與右側臉龐的表情並不完全相同，其中一側的表情會顯得更加誇張。控制面部表情的神經元大都集中在右半腦的大腦皮層中，而這部分大腦只能向我們的左半身發送指令。

結果，當我們刻意地想在臉上堆滿笑容的時候，左側臉部的笑容就會比右側臉部的更加明顯。很多事實也證明，當人們撒謊時，左側臉龐的微笑看起來會顯得比右側的臉龐更加明顯。所以，我們應當結合當時的背景來思考微笑背後的含義。

如果是發自肺腑的真心微笑，由於無須刻意地假裝，所以左右兩個半腦向身體兩側所發送的指令就是對稱的，而兩側臉龐的笑容也就不會有任何區別了。這也就是說，只有在最真誠地微笑時，才能夠出現勻稱的微笑，這種笑容讓人的眼睛也一起在笑，這是人本身無法靠意識控制的、發自內心的微笑的流露。因為，分布在眼睛周圍的肌肉只有在內心真正幸福時才有反應，使眼睛放出愉悅的光彩。這種微笑流露出一個人內心世界的幸福與歡樂，只有感受到生活的愉快和成功的人，才具有這種迷人的微笑。這種微笑有著感人的力量，顯示了一個人對生活的滿意和自信，它是最佳的形象象徵。

眼睛沒有笑意需謹慎對待

眼神是表達情緒、心意的一種很好的媒介，尤其是微笑時，帶有笑意的眼神能打開他人的心扉，傳遞關愛、期盼等各種微妙的心緒。所以眼神是微笑中必不可少的一個組成部分。但是如果一個人對你微笑時，你看到的只是一個機械的面部笑容，眼睛卻呆滯無神，那就需要謹慎對待了。

張先生是某公司人事經理，被邀請參加一個業內較大公司的人際關係培訓班結業典禮。他打算在了解公司講師的素質後再決定自己是否參加。

培訓班結業典禮上，張先生選擇坐在前排右邊，經過一段時間的觀察，他發現結業的人似乎都在用一種被強化訓練出來的積極熱情的語言，竭力地表達自己的體會。而那位主講老師的臉上始終掛著一個定格的笑容，怎麼看怎麼彆扭。這個笑容並不能讓張先生感到絲毫溫暖，而是越看越感到一絲困惑，因為他無法捉摸那笑容的背後到底是真誠還是客套，也無法相信那張臉的誠意，更無法被那個標準的肌肉造型的笑容感染。

熱鬧的典禮終於結束，張先生準備走向那位老師做自我介紹。他走上講台，抬起臉向對方微笑，就在雙方眼睛直視的剎那，張先生突然明白：原來剛才一直困擾自己的並不是笑容，而是那雙眼睛。

張先生所看到的那雙眼睛，雖然一直配合著臉部做著笑的動作，但是，整體看起來很高深莫測、虛實不定。當那位老師的目光掃過他人時，眼睛所透露的只是一種淡淡的態度，這種不帶任

何笑意的眼睛和那張明朗的笑臉非常不和諧。主講老師所表現出來的笑容並不是真正的笑，而是被強化培訓出來的職業笑容。

在人類的活動中，用眼睛來表達的方式和內容非常豐富、廣泛、含蓄、微妙，眼神的力量遠遠超出我們用語言可以表達的內容。儘管我們身體的所有部分都在傳遞資訊，但眼睛是最重要的，因為它傳送的都是一些最微妙的資訊。目光在面對面地溝通交流中發揮重大的作用，它決定著你能否有效地與對方交流。一個不會運用目光溝通的人不會是個高才的交流者。

目光接觸是人與人之間進行思想交流的最基本方式，無論是生氣還是喜悅，無論臉部表情如何變化，如果沒有目光接觸，就談不上是真正的交流。這個在交談中尤其顯得重要，所有人都明白：專注地望著別人是最明顯的「傾聽」信號，也是在給講話者回饋。我們都渴望聽眾把全部的注意力都給予自己，而目光不欺騙我們，它讓我們知道，對方是否在傾聽我們的談話內容，是否在與我們進行交流，是否對我們的話題表示出很大的興趣。全神貫注的目光讓我們感到支持和力量，而微笑時真正帶有笑意的眼神，則會讓我們真正感受到一個笑容的力量——或溫暖、或鼓勵、或堅強。真正的微笑能使我們對微笑者產生更美好的印象。

然而許多人卻由於種種原因非常難以與人保持平穩、持久的目光接觸，就如同很多靦腆的人不知應該把手放在哪裡一樣，他們的目光或是偏向一邊，或是左顧右盼。這種躲閃的、飄忽不定的目光讓我們懷疑：「他究竟在想什麼？」因此，面對那些微笑時眼睛沒有變化的人，就必須得謹慎了，千萬不要給點笑容就燦爛，把自己的老底都和盤托出，不留餘地！

4 手背擦眼睛可能是拒絕或嘲笑

「睜眼說瞎話」是一個常見的俗語。這個俗語展現了一連串的身體語言，包括緊繃的牙齒、虛偽的笑容和摩擦眼睛的動作。電影演員常常用摩擦眼睛的手勢表現人物的偽善。在有些國家，例如英國，當人們不想對你吐露真心時，往往也會用這個手勢加以掩飾。

一個男士在夜店時希望釣個「金龜女」，他的獵豔標準是對方的行頭價值幾何。一個滿身名牌、氣質不凡的女孩正獨自坐在那裡飲酒，這位男士迅速鎖定目標，端著酒杯款款走過去。「嗨！你好。」這位男士用慣用的開場白自信地和對方打招呼，他故意晃了晃手裡的酒杯，紅色的酒在杯子裡流動了起來，「獨樂樂不如眾樂樂，不如我們一起喝個酒吧！」

女孩抬頭看了看對方，微笑了起來，繼續喝著自己的酒。這位男士感覺很好，他開始給女孩講笑話，女孩一邊聽一邊晃動身體，笑話講完了，她呵呵笑起來，用手背摩擦起眼睛，好像開懷大笑令眼睛裡進了些髒東西，而同時她的另一隻手則晃著酒杯。男士彷彿得到了鼓勵，他放下酒杯，用手去攬女孩的腰，但是非常意外，女孩將手裡的那杯酒直接潑到了他的臉上，然後在他的目瞪口呆中走開了。

女孩雖然微笑，但是卻用手背輕擦眼睛，很明顯，女孩透過這個不經意的動作表示了對男士已經心生厭煩，有拒絕和他進一步發展的態度了。如果男士能注意到這個動作，並理解它的含意，就不會遭受被潑酒的尷尬了。

當一個小孩不想看見某樣東西時，他會用手遮住自己的眼睛。同樣，當一個成年人看到某件令人倒胃口的事情時，他很可能做出摩擦眼睛的手勢。這是大腦透過摩擦眼睛的手勢企圖阻止眼睛目睹欺騙、懷疑和令人不愉快的事情，或者是避免面對那個正在遭受欺騙的人。

男人在做這個手勢時往往會用力揉搓眼睛；如果他試圖掩蓋一個彌天大謊，則很可能把臉轉向別處。

相較而言，女人更少做出摩擦眼睛的手勢，她們一般只是在眼睛下方溫柔地輕輕一碰。這一方面是因為淑女風範克制她們做出粗魯的手勢，另一方面也是為了避免弄花妝容。不過，和男人一樣，女人撒謊時也會把臉轉向一邊，以躲開聽話人注視的目光。

小馬做推銷員的第一份任務是上門拜訪客戶。他禮貌地敲開門，和對方打招呼。客戶是位中年男子，他態度和善，一直微笑著聽小馬進行產品介紹。

小馬一邊說一邊認真觀察對方的神態，看到客戶一直在微笑，心裡高興極了，心想：運氣真不錯，看這樣子他應該對產品很滿意，說不定最後能購買。但是在足足和客戶介紹了四十多分鐘後，當小馬滿懷期望地等客戶下決定時，客戶卻以一句暫時沒有需要就拒絕了，而且很快轉身關門，將小馬隔在了門外。

小馬雖然看到了客戶一直在微笑，但是他卻忽略了這期間客戶一直在不停地用手揉搓眼睛的動作。其實，這已經是明顯暗示了：我對你的產品並不感興趣，請你快點走開吧！作為推銷員，尤其要對客戶的每一個表情、神態的變化留意在心，因為那些都有可能是繼續交談或是拒絕合作的提示。

精明的職場人必須抓住客戶的每一個細微顫動以及表情、神態的變化，及時從變化中推測客戶的心理，識別對方底線，這是知己知彼百戰不殆的一個途徑。

5 邊說邊笑的人人緣好

邊說邊笑的人會讓人覺得與他交流非常輕鬆愉快。這類人大都性格開朗，待人寬容，有一個好人緣，同時，比較懂得珍惜身邊的人和事，較偏好平靜的生活。

小宋在公司的人緣特別好，不僅同一部門的同事都喜歡和她聊天、交往，而且跨部門的很多同事也喜歡找小宋一起聊天、參加活動。所以，公司裡總是能聽到「小宋，小宋」的招呼聲，伴隨著這一聲一聲親切的招呼，是小宋自己爽朗的笑聲和劈里啪啦地說個不停的嘴。

她總是能和大部分人打成一片，和這個人開個玩笑，和那個人聊個家長裡短，其實那些聊天、活動都是很平常的內容，並沒有更特別的方面，但是就是這樣的一個小宋卻很受大家歡迎，站在哪裡都是被關注和喜歡的焦點。

小宋的人緣好在哪裡？邊說邊笑是她好人緣的一個原因。

研究顯示，人在微笑或大笑的時候，不管他是否真的有特別開心的感覺，他左半腦裡的「快樂空間」都會感到興奮，而腦電波也會因此而變得活躍起來，有研究學者專門針對笑容開展了無數次研究。在其中的一次研究中，實驗人員的頭部與腦電圖儀相

邊說邊笑的人人緣好。

連，同時讓實驗人員一邊觀看喜劇電影，一邊和周圍的人進行交流，然後用儀器測量出其腦電波的活動。結果發現，邊說邊笑的人的腦電波以較大的幅度不斷地跳動。這個研究也證實：邊說邊笑可以促進大腦活動，使人自發地產生快樂的感覺。

與這種人交談時，你會被這種發自內心的快樂感染，讓自己也感覺非常輕鬆和愉快。這種人講話的一大特點就是：不管自己或別人的講話是否值得笑，有時候連話都還沒講完就笑起來了。這並非是他們不在意與別人的交談，我們只能說這種人「笑神經」特別發達。他們大都性格開朗，對生活要求不苛刻，懂得「知足常樂」，而且這種人特別富有人情味，所以，無論在什麼地方，他們總有著極好的人緣，有著很好的親和力，這為他們開拓自己的事業創造了極好的條件。

不過這類人大多喜愛平靜的生活，缺乏積極向上的精神，對於特別喜歡追求發展的人來說，這類人未免會缺乏一點「上進心」。

邊說邊笑的人的另一特點是感情專一，對愛情和婚姻特別專一。如果你是他們最心愛的人，他們可以為你犧牲一切；但如果你讓他們傷心透頂，他們則可能對你恨之入骨，因為他們大都對感情太過投入。

6 斜瞄式微笑獨具魅力

很多男人都喜歡女人露出斜瞄式的微笑。因為這樣的笑容不禁會讓人聯想到少年時的俏皮和暗藏心思。因這種微笑而著名

獨具魅力的斜瞄式微笑。

的人當屬英國的戴安娜王妃，她俏皮的微笑似乎有一種神奇的魔力，因為凡是見過她微笑的人，無論男女，都會心悅誠服地拜倒在她的石榴裙下。

戴安娜王妃全名戴安娜・弗蘭西斯・史賓沙，西元1961年七月一日出生於英國諾福克一個有名望的貴族家庭，在瑞士受到了良好的教育。她成年後與英國王室繼承人──查理斯王子結婚。雖然很年輕，但是戴安娜迅速以她的善良和誠懇，尤其是獨特而有魅力的笑容贏得了大眾的喜歡，幾乎征服了全世界。戴安娜典型的笑容是微笑時雙唇緊閉，同時還低下頭，歪向一側，並且斜著眼睛向上望。就是這樣的笑容為她贏得了「英格蘭玫瑰」的稱號，使她的知名度越來越高。

戴安娜王妃的這種微笑會讓男人產生出一種想保護她的欲望，同時也讓女人喜歡上她。對男人而言，這種既俏皮又有些靦腆的微笑是一種極具挑逗性的信號，也是一種鼓舞他們「向前衝」的暗示。所以，大多數女性會在求愛時使用這種微笑也就不足為奇了。現在，戴安娜王妃帥氣的兒子威廉王子的臉上也常常會浮現出這樣的微笑，相信除了有籠絡人心的作用之外，這樣俏皮的微笑恐怕也會讓人們聯想到他的生母吧！

在某一個相親節目中，一起參加的十名女嘉賓中，小波的人氣似乎是最高的。每一個上場的男嘉賓無一例外都會把自己的第一束花送給小波，主持人似乎也對小波偏愛有加，每次一有機會就讓小波多發言。

其他女嘉賓很是費解，私下裡小波在一堆姐妹裡人緣是很好，可是她長相平平，並沒特別漂亮，論身材也是一般，怎麼

會那麼有異性緣？最終還是在座的一位心理學家揭開了謎底。他說：「我看著各位女嘉賓依次上場，每位上場的女嘉賓都帶著自信的笑容，可是唯獨給我印象最深的是小波小姐。因為她的笑很特別——微低著頭，抬眼向上看，緊閉著雙唇，笑得卻很有魅力。作為一名男性，我覺得她這樣散發出了自然的魅力。」這位名叫小波的女嘉賓的笑容和戴安娜王妃的笑容有異曲同工之妙。

其實，無論何時何地，女性都喜歡在異性面前露出這種略有些靦腆害羞的笑容，因為她們知道這樣做很容易引發男性的保護欲，使他萌生出保護她、呵護她的念頭，輕鬆贏得他的心。如果你有中意的人，不妨試試這種斜瞄式的有非凡誘惑力的微笑。

7　隨時隨地大笑的人讓人疑慮

微笑和大笑通常被認為是一種展示幸福與開心的信號。嬰兒都是哭著來到這個世界的，但是，只需要很短的時間，他們就學會微笑和大笑。大笑聲調高昂，節奏清晰，很能製造熱鬧氣氛，固然可以令人很愉快，但是隨時隨地都能大笑的人，就沒那麼簡單了，如果真的碰到這樣的笑，提醒你仔細觀察下，因為，這樣的笑頗有偽裝的嫌疑。

隨時隨地大笑的人物代表當屬曹雪芹先生在《紅樓夢》中刻畫的主要角色王熙鳳了。

在第三回中，王熙鳳首次出場就被活生生地呈現在眾人面前，令人怎麼也不會忘記。當時的情景是：黛玉初進賈府，正依

隨時隨地大笑的人讓人疑慮。

次與眾人相見，「底下的人個個皆斂聲屏氣，嚴肅恭整」，偏巧在這時就有一個人從後院邊走來邊笑著說：「我來遲了，不曾迎接遠客」。邊說邊笑一下子就把這個鳳辣子的形象帶到人前，以至於林黛玉暗暗納悶：「這來人是誰，這樣放誕無禮。」這邊說邊笑的安排一下子把人物擅長虛與委蛇的性格十分生動地刻畫了出來。

　　劉姥姥初進賈府時王熙鳳也是邊說邊笑出場。劉姥姥是來借錢的，身為賈府管家的王熙鳳，在接待一個唯唯諾諾的小戶人家的老人時卻笑臉相迎，這是為什麼呢？王熙鳳這裡的笑也不是單純的笑，而是因為她想在別人面前表現出自己平易近人的樣子，對自己的一個偽裝罷了。

　　在現代社會高壓力、強競爭的環境中，人們很難擁有像兒童一樣無憂無慮、放鬆自然、享受生活的人生態度。擁有沒有安全感、突出自我、征服、貪欲、自私、放縱、殘酷、悲觀、消極等等不健康的心態，很難會有什麼事情再引起他們的大笑，更別提開懷大笑了。有一些人並不希望自己的不開心被人洞察，因此便使用了假裝快樂的偽裝大笑。

　　人在開口大笑時，嘴巴張開，下巴低垂，嘴角上揚，給人一種很開心的感覺。然而，偽裝大笑時，嘴巴張開的幅度不大，看起來有些不太自然，很做作。電影《蝙蝠俠——黑暗騎士》中蝙蝠俠的死對頭就十分鍾愛這種笑容，而且喜歡利用它在觀眾當中營造一種快樂的氛圍，但結果卻常常適得其反，讓聽的人感到毛骨悚然。

　　相較之下，真正的放聲大笑不僅能夠使氣氛更加融洽和諧，而且還有益身心，能夠延年益壽。下次碰到一個隨時隨地大笑的

人時，不妨謹慎一些，仔細感受一下對方笑聲裡的含意。

8 華麗妝容後的笑有討好之意

　　華麗妝容後的笑一般是指女性的笑。女性為了把自己打扮得更加漂亮，會用各種化妝手段來美化自己的容顏。

　　曾有一位日本學者撰文指出，常化妝的女性一生中所要使用的基本化妝品中，化妝水為九百八十公升，營養霜為二十五公斤，其他各類護膚品為一百二十五公斤，保養乳液為二十五公升，口紅四百公克。這組數字，足以令男性大吃一驚。

　　那麼，女人為什麼要化妝呢？

　　自古人們就有「女為悅己者容」的想法。女性為了獲得異性的欣賞，會用化妝的手段來彌補自己的面部缺陷，讓自己看起來更美。

　　例如，丈夫和妻子要一同出席一個酒會，時間快來不及了，但妻子還在化妝。丈夫在一旁焦急地等待，看著她把各種粉末、各種液體、各種顏色不厭其煩地一層一層塗抹到臉上，又用各種器具在臉上左右開工。丈夫不禁感歎說：「女人真是愛面子不怕麻煩。」

　　其實，丈夫的認識錯誤了，女人並非只是單純地愛面子，更深層的意義是說大部分的化妝都是為了取悅異性。所以，男人才是女人不厭其煩折騰妝容背後的「罪魁禍首」。但是有人可能發現，即使沒有異性，只有女人參加的集會場合，很多女人也一樣要塗脂抹粉，把自己裝扮得非常漂亮，盛裝出席。這又是為什麼

呢？參與調查了多項活動的心理學家給出了答案：女性之所以在女性面前盛裝出席，是因為女性也有獲得同性讚賞的欲求，這是她們之所以不鬆懈化妝的主要原因，此外，讓自己獲得內心的滿足也是女性化妝的目的之一。

正因為這樣的欲求所在，所以微表情專家能從一個人的妝容中分析出當事人彼時的情緒與心理變化。

喜歡化妝的女人，尤其是喜歡化淡妝的女人，雖然並不要求別人能發現自己，仍然也有希望給有幸或偶然間邂逅的人留下好印象的小心思。儘管她們當中大部分人沒有太強的表現欲望，化妝也只是要求能過得去，簡單地塗抹一下，使自己不至於太難看就行。但不可否認，這類女人大多比較聰明，充滿智慧與理性，她們雖然不會輕易將時間和精力浪費在梳妝臺前；但也希望透過簡單的妝容贏得別人的尊重、支持和理解。這類女人通常都比較獨立，能闖能拚，所以大多能獲得成功；她們大都能保守祕密，甚至會珍藏一生也不向他人透露。

那些喜歡濃妝的人的性格則與喜歡淡妝的人完全相反，她們通常表現欲望很強烈，能夠耐心地完成複雜又麻煩的化妝工作，並同時忍受痛苦用各式工具修飾五官，因為她們只有一個目的：那就是用最顯著的方式、最迅速地贏得他人的關注。尤其是那些她們傾心的異性的欣賞往往使她們心甜如蜜，使她們更加執著於對妝容的追求和投入。前衛和開放是濃妝女人典型的思想特徵，雖然討好意味強烈，但一點兒也不影響她們的個人魅力──大膽、偏激的行為，熱情的態度，真誠、熱忱的心，自重同時尊重他人的修養。

和前面兩種同樣有討好心思但不同表現的人相比，還有一類人則傾向於化妝時特別在意某一處。這樣的人通常對自己有相當

清楚的認識，非常了解自己的長處和短處，她們清楚，想要讓別人對自己產生百分之百的好感，就必須揚長避短。這類女人非常有自信，她們討好的妝容充滿了更多展示自己風采的方面。這類女人堅信付出就會有回報，所以會腳踏實地為自己的目標奮鬥。把化妝看做是一種著重突出自己優點的簡單手段的女人很講究實際，注重現實，比較理性，會現實地對待生活中出現的各種可能意外，她們基本上不會長期沉浸於虛無縹緲的幻想之中。相反，遇事冷靜沉著，對事情的判斷堅決果斷是她們最明顯的特點之一。不過這類人也有一個弱點，那就是往往不能縱觀天下，這常常導致她們付出了大量的辛苦努力，卻換不回相應的收穫。

還有的人喜歡化怪妝。喜歡嘗試冷門造型，比如大面積甚至有點嚇人的煙燻妝、怪異的唇膏顏色、誇張的妝容對比帶來的強烈視覺衝擊等。

喜歡化如此怪妝的人往往親身試驗種種怪狀，透過嘗試怪異的造型宣洩自己的情緒，以這種相反的方式贏得他人的注意。這類人通常具有強烈的反抗心理，一個很好的例子：新近流行天后Lady Gaga未成名前在寄望於從典型的搖滾歌手中脫穎而出時，曾選擇吸毒、跳脫衣舞，成名後則以怪異和出其不意的大膽造型成功吸引了全世界的目光，在眾多流行歌手中脫穎而出。

由上述可見，不管是淡妝、濃妝還是怪異妝容，都不排除有討好他人，秀出自己的意向，只是在展示自己的程度上略有區別罷了。因此，女性不妨靈活變換一下自己的妝容，爭取在不同場合都能正確且有效地吸引他人的目光，獲取關注。比如，如果約會或工作上有重要的提案要進行的時候，應該略化一些濃妝，因為濃妝可以讓你看起來光彩照人，充滿幹勁。心理學家的研究顯示，化比平常濃的彩妝，會提高自信心與滿足感，變得活躍、具

攻擊性，也變得較具社交性。不過，濃妝不宜過濃，也不宜過於頻繁，因為心理學家同時發現，化濃妝的同時，也容易讓人的情緒變得焦躁多變，這是因為「濃妝讓人時刻注意到和平常的自己不同」，並會為此感到不安。

此外，還應注意不管選擇什麼樣的妝容，都絕對不應該忽視對眼睛和唇部的描畫。眼睛給人的印象取決於眉形與眼線。眉毛描繪成細細的弧形，再畫鮮明的眼線，就會給人華麗的感覺，約會時或者在一家有風雅氣質的地方聚會時不妨嘗試一下這種妝容。搭配玫瑰色系的口紅，將上唇仔細描繪出銳角，會加強華麗的印象。

平直上揚的眉形，以深色醒目的眼線，配上強調唇線的深紅色的唇，會給人意志極為堅強的印象，在討好目標群體的同時，也讓人深感強烈與堅決強硬的態度。這種強硬感的妝，在提案會議、報告或發表意見時，可以做你的後盾。即使實際上自己很緊張，也能隱藏情緒，不論是在言語還是動作上，都能讓你看起來充滿自信。

自然往上揚，但尾端突然往下的眉形，幫助你營造出俏皮可愛的形象。畫上淡淡的眼線，口紅塗得比實際的嘴唇輪廓大一些，然後再迅速地回眸一笑，就能給人魅力十足的女性印象。約會時用這種妝容可以成功展現你的迷人女性氣質，讓約會對象對你過目難忘。

5

魔術手臂：

他的心思，
手臂最知道

　　手臂是人身體第一大自由活動的器官，它身兼多職，還可攻可守。這注定手臂是心思最多，也是最容易曝露的器官之一。單獨的手臂行動有可能會曝露對方的自信或憤怒的小心思，如握拳；組合活動有可能曝露對方質疑的心理，如摸耳朵；猶豫的行為可能曝露對方主動的攻勢，如先凝視再握手的姿態……這些只需要你觀察就能全部了然於胸的小動作，其實都屬於微表情的範圍。

1 拳頭緊握或是自信或是憤怒

手掌朝外是一種友好姿勢，表示一個人想和別人和平相處。朝外的手掌代表的是一種寬容、善良以及海納百川的胸懷。但是，當指關節向外，手掌圈起成拳頭狀時，所表達的情緒正好相反：這是一種自我保護的表現，拳頭緊握的人實際上正在向對方宣戰，那意思就是：「小心點，否則會讓你吃上一拳。」

小牛和幾個要好的朋友一起聚餐，席間談起了大學畢業後各自的發展狀態。以前成績不好的老羅現在是一家公司的經理，買了房，結了婚，衣食無憂；總是蹺課的老王如今創業成功，成了一家小飯店的老闆，正在考慮開分店；即使是當時覺得最沒發展的小何也國外留學歸來，在一家外商就職，薪資不菲。只有小牛，如今還是一個普普通通的員工，跳了幾次槽，待遇不高不低，沒有房，沒有女朋友。每個人都多喝了幾杯酒，說著說著談到了當年各自的理想，老王突然醉醺醺地說道：「想當初，小牛還是班裡的重要幹部，哈哈，真是笑話，現在就屬你混得差啊。」儘管知道這是個笑話，但剛才熱鬧的氣氛突然冷卻了下來，小牛漲紅的臉後面是一雙握得緊緊的拳頭。

緊握的拳頭在這裡代表了一種氣憤、激動或者害怕的狀態。仔細觀察，你會發現在不少動畫片與影視劇裡都會借用緊握且搖晃的拳頭來展現人物激動的內心。

一般情況下，在莊重、嚴肅的場合宣誓時，必須要右手握拳，舉至右側齊眉高度。有時在演講或說話時，握緊拳頭，則是向聽眾表示：「我是有力量的。」但如果是在和自己有矛盾的人

憤怒的拳頭。

面前握緊拳頭，則表示：「我不會怕你，要不要嚐嚐我拳頭的滋味？」由此看來，握緊拳頭能給人帶來力量和安全感。

總是緊握著拳頭的人，可能是缺乏安全感，所以防禦意識比較強。從心理學的角度來看，這是人的情緒發生變化時，由內而外的表現。一般是由於壓力、緊張或憤怒等情緒使體內腎上腺素升高，而不由自主的一種外在表現。

緊握拳頭的人並不一定是準備隨時去攻擊別人，可能只是提防別人的攻擊。他們做人的準則很可能就是「人不犯我，我不犯人；人若犯我，我必犯人」。

除了缺乏安全感以外，經常握著拳頭的人，是能夠關心體貼別人、富有同情心並且又能善解人意的人，衝動起來會伴有咬指甲的行為。這無疑是一種緊張、恐懼的狀態，說明這一類人是很缺乏安全感的。

演講者如果講話時握緊拳頭，證明這個人很自信、很有號召力；但在日常生活中，我們與人發生不愉快時，請把你的拳頭藏起來，而不要握起拳頭在對方面前晃動。那樣做的結果，勢必會引起一場打鬥，這是不可取的。同時，總握著拳頭，也會很容易讓人發現你內心缺乏安全感這一弱點。

2 總是摸耳朵可能表示懷疑

耳朵位於眼睛後面，它具有辨別振動的功能，能將振動發出的聲音轉換成神經信號，然後傳給大腦。在腦中，這些信號又被翻譯成我們可以理解的詞語、音樂和其他聲音。同時，也是我們

逃避資訊的一個小工具。

　　小劉正在向老闆彙報近期的帳目情況，他一邊展示著相關資料，一邊做說明。老闆非常用心地看著每一筆開支，當聽到最近的一筆辦公用品採購花費時，老闆動了動身子，伸出手摸了摸耳朵，把拿在手裡的帳本前後仔細翻了幾頁。小劉心裡有點吃驚，他瞄到老闆翻看的那幾頁，正好是自己這次沒做比價報表就急忙採購回來的帳目資訊。

　　其實，在老闆用手摸耳朵的時候，就是對帳目表示懷疑的時候。

　　我們知道，如果小孩子不想聽到什麼話，他的反應通常是迅速用手摀住耳朵，這種習慣跟隨孩子長到成年。但是當一個成年人對另一個成年人的所作所為表示懷疑時，礙於禮貌，不會當場提出，卻會不由自主地用手摸耳朵，有時眼睛還會漫不經心地往桌上看。如果你發現和你談話的對象正在這麼做，毫無疑問，他正在試圖分散瞬間的不快，內心的聲音也在吶喊：「真的假的？我可不太相信。」

　　抓耳朵、拉耳垂，或是把整隻耳朵按住以掩住耳孔，這些小動作都有可能說明本人並不相信對方所說的話或提供的資訊，他們用這些小動作來掩飾自己內心的懷疑與怒氣。抓撓耳朵的手勢也有多種變化，包括摩擦耳廓背後，把指尖伸進耳道裡面掏耳朵，拉扯耳垂，把整個耳廓折向前方蓋住耳洞等等。「我不想聽它！」當人們覺得自己已經聽得夠多了，或者想要開口說話時，也可能會做出抓撓耳朵的動作。

　　和觸摸鼻子的手勢一樣，抓撓耳朵也意味著當事人正處在焦慮的狀態中。查理斯王子在步入賓客滿堂的房間或者經過熙攘的

摸耳朵可能表示懷疑。

人群時，常常做出抓撓耳朵和摩擦鼻子的手勢。這些動作顯示出他內心緊張不安的情緒。

然而我們從未在照片或者是影像資料裡，看到查理斯王子在相對安全私密的車內做出這些手勢。

抓撓耳朵的手勢表示出聽話人「非禮勿聽」的企圖。面對這種尷尬的狀況，你不妨試試這麼做：首先想想，你所說的話是否肯定正確，如果不太肯定，最好迅速轉換話題，或在陳述末尾加一句：「我也不太確定，稍後查證一下。」如果能保證消息準確性，可以在陳述同時，十指交叉，擺在桌上。借用這個動作向對方表達自己的自信，同時要記得面帶微笑，否則容易讓人誤以為這個動作是在給他施壓。

3 胸前抱臂身體靠後表厭煩

雙臂環抱是一種保護性姿勢。早在遠古時代，我們的祖先就已經學會了躲在障礙物後尋求保護的自衛方法。隨著我們逐漸長大，我們逐漸學會了將雙臂緊緊交叉抱於胸前來保護自己的動作。當長大到十來歲的時候，我們又學會了掩飾，知道可以透過稍稍放鬆手臂以及配合以雙腿交叉的動作來隱藏環抱雙臂這一動作的自衛性，從而掩飾我們內心的恐懼。

丈夫正在為昨天的晚歸向妻子解釋，他滔滔不絕，話越說越多，把各種細節說得都無比清楚，可是在一旁聆聽的妻子，從開始的怒氣沖沖漸漸變得面無表情，她先是坐在那裡，胳膊放在

桌子上，然後在丈夫說話的間隙站起來開始走動，最後她靠在了門框上，雙臂抱胸，冷冷地盯著還在不停解釋的丈夫說道：「夠了，每次理由都是一大堆，我只是想聽你說一次真話而已。」

　　隨著年齡越來越大，在我們的刻意掩飾之下，雙臂環抱於胸前這一動作的防禦性也顯得越來越不明顯。不過，每當感到有危險，或遇到不願遇到的事情時，我們都會下意識地將一隻或兩隻手臂交叉抱於胸前，用自己的肢體形成一道身體防線，抵抗外來的危險，從而達到保護自己的目的。交叉抱於胸前的雙臂可以保護心臟、肺這些重要的生命器官，所以，這一動作很可能是源自人類天生的本能。猴子和猩猩在遇到正面進攻的時候，也會做出同樣的動作來保護自己。不管怎樣，有一件事情是可以肯定的：

　　當一個人感到緊張不安想保護自己，或不願接受他人意見的時候，他很可能會將雙臂交叉，緊緊抱於胸前，藉此告知對方他有些緊張或不安。

　　當上司雙臂環抱時，說明他在潛意識中牴觸眼前的人；而身體靠後意味著上司刻意與你拉開距離，意味著他想結束本次談話。上司的潛台詞是：「我已經煩了，你趕快走吧。」

　　你可以這麼做：無論有沒有說完，都要在最短時間裡結束本次談話。千萬別試圖用最後幾秒說清自己的觀點，上司的時間有限，還是下次說比較好。這時你可以也把身體往後仰，讓上司看出你沒有久留的意思。另外，這時不要再提重要觀點，因為即使說了，上司也不會在意。

4 雙臂交叉或是拒絕或是有安全感

　　每個人站立的姿勢大都是不一樣的，比如有些人喜歡雙手交叉抱於胸前，兩腳平行站立。

　　站立時有這種舉動的人，對於他們來說幾乎就沒有跨不過去的阻礙，即便遭受很大打擊，也能迅速振作起來。他們的自我保護意識比較強，會不時地與非常熟的朋友保持距離，給人一種難以接近的印象。有時會過分重視自己的利益，往往因此而傷害到整體的利益，因此整體感不強。

　　雙臂交叉抱於胸前，也是一種防禦性的姿勢，保護自己免受眼前的威脅。這是一種心理上的防護，也表示對眼前人的排斥。習慣於保持這種姿勢的人，大都叛逆性很強，有很強的排斥感。也有一些人在思考事情時，習慣將雙臂交叉抱於胸前。不過喜歡這麼做的人，基本上警戒心都很強。

　　他們習慣在自己和他人之間畫下一道防線，不喜歡跟人太親密。他們永遠和對方保持適度的距離，冷漠地觀察對方，而且有些特立獨行，不考慮他人的意見，很容易與他人形成對立。年輕女性如果經常擺出這種姿勢，則會給人一種冷漠的感覺，不易獲得愛情。

　　另外，把雙臂抱在胸前還非常明顯地說明了此人想要掩飾什麼。伴隨這種姿勢的還有緊張和不安的情緒。他們可能拒絕你提供的任何方案。所以當我們看到某人把雙臂交叉放在胸前的話，則意味著此人想撤退。不過，胸部很豐滿的女性或者感到不舒服的人常常也會採取這種姿勢。

　　在工作中，這種人的創造力比其他類型的人更豐沛、發揮得

更淋漓盡致，並不是因為他們比其他人更聰明，而是他們比其他人更敢於表現自己。

在生活中，如果遇到不平的事，最先站出來反對的也一定是他們，因為他們身體裡流淌的是好鬥的血。所以，我們在識人的時候，如果看到某人常常擺出雙臂交叉抱於胸前的姿勢，我們就要注意盡量不要與其發生衝突，以免因為他們的好鬥和攻擊性，弄得兩敗俱傷。

整體來說，這類人是不易接近的。如果他們在談話時身體微微往一邊傾斜，則表明他不喜歡你，你最好找個理由快點離開。

所有的肢體語言所傳遞的資訊，無論是對接收者而言，還是對發送者而言，都是一樣的。但是，當你將雙臂交叉抱於胸前，就好比在你與對方之間築起了一道障礙物，將你不喜歡的人或物統統擋在外邊。可能個人覺得將雙臂交叉抱於胸前的姿勢會讓人覺得很「舒服」，但是，研究說明，面對這樣的姿勢時，對方對雙臂交叉的人的態度也同樣是否定或消極的。所以，每個人無論何時何地，都應該盡量避免做出交叉雙臂的動作，除非你刻意地想告知對方，你並不同意他的觀點，或者說你不想參與其中。

因此，當你與他人交談時，如果看到對方擺出了雙臂交叉的姿勢，那麼你就應該立刻意識到自己是不是說了一些與對方觀點不同的話。在這樣的情況下，即使對方口頭上表示贊同你的觀點，你也已經沒有必要再將談話繼續下去了。因為，他的肢體語言已經很明確地告訴你，他並不贊成你的話。事實就是，肢體語言遠比有聲的話語更加誠實可靠。

5 兩手叉腰易造成對他人的冒犯

在動物世界中，動物在搏鬥或者求愛的時候，為了讓自己的身軀顯得更強壯，鳥兒會抖動自己的羽毛，魚兒會吸入大量的水以促進身體膨脹，貓和狗會努力讓身上的皮毛豎立起來。而對於體毛並不豐富的人類來說，在感受到恐懼或者憤怒時，已經無法像遠古的原始人那樣，透過豎立毛髮讓自己的身軀顯得更加偉岸。於是，人們創造了一種能夠讓身軀顯得更加偉岸的姿勢——兩手叉腰的姿勢。

不同的人在不同的場合都會做出兩手叉腰的動作。例如，小孩子向父母辯解時，運動員等待比賽開始時，拳擊手期待下一回合開打時等。當男人的領地被其他男性闖入時，他們也會用這樣的姿勢向入侵者發起無聲的挑戰。兩手叉腰的姿勢能夠讓我們占據更大的空間，同時往外凸出的手肘就像武器一樣，可以產生威懾他人的作用，阻止其他人靠近或者穿行於自己的領地。這樣的姿勢顯示出對戰鬥準備就緒的狀態，據說戰爭中的很多領導人物都喜歡使用這一姿勢。

兩手叉腰的動作非常具有侵略性，它似乎對外宣揚了一種「我是主人，你們都應當聽從我的指令」的資訊，哪怕只是單手叉腰的動作，也仍舊會十分明顯地傳遞出攻擊性的訊息，特別是當彎曲的手肘指向攻擊對象時。雖然這個姿勢通行於全世界，不過，在菲律賓和馬來西亞，這個姿勢所傳達出的氣惱與暴怒的訊息更為強烈。這個兩手叉腰的姿勢之所以能夠展現出當事人隨時準備發起攻擊的狀態，就是因為叉腰這一動作能夠讓當事人渾身上下都籠罩著微妙的攻擊性氣息。

兩手叉腰易造成對他人的冒犯。

　　兩手叉腰的動作似乎是已經準備好要做某件事的預備姿勢，所以這個動作也被稱為成功者的姿勢，因為它顯示出當事人對既定目標的志在必得，或是對某件事情有備而來。男人經常會對女性做出兩手叉腰的姿勢，以此顯示自己充滿男子氣概的自信風度。

　　兩手叉腰的姿勢能夠讓人顯得更加魁梧和出眾，因為這樣一來身體就占據了更多的空間。在某些場合，叉腰姿勢又非常容易導致對別人的冒犯。因此，要想看上去具有支配性，就要給人留下這樣的印象：身強體壯，沉著穩定，對別人的任何威脅都不放在心上，這不一定必須要用雙手叉腰的方式完成，你也可以試試單手「叉腰」。

　　當我們看到一個人兩手叉腰的時候，應該結合具體情境以及他在此之前的肢體語言，來進行綜合考量，這樣才能保證我們對他的態度做出準確判斷。

6 緊緊合抱雙臂或是緊張或是防禦

　　通常，雙臂交叉合抱於胸前有三種意思：一是表示感覺冷；二是表示內心焦慮不安或緊張恐懼；三是表示防禦和拒絕。

　　當感覺寒冷時，人們會很自然地將雙臂交叉合抱於胸前，然後用一手或兩手上下摩擦所接觸的上臂。這種驅寒方式實際並不能帶來多少熱量，但它卻能夠使人透過自我接觸獲得一種溫暖的心理安慰。內心焦慮不安或者比較緊張時，人也容易做出雙臂合抱的動作。該動作有自我保護之意，更多的時候，這個動作會被

用來傳達「防禦」或「拒絕」之意。

倒退一步、合抱雙臂是一種「撤退的姿勢」，做出此動作的人很明顯感到緊張，並對自己所說的話沒有信心。與梁朝偉終於結婚的劉嘉玲對梁太太這個稱呼似乎並不太感冒，因為細心人發現，每當香港記者一叫「梁太太」時，她就會本能地後退一步，拉開距離。一次，在和某位記者談到婚後懷孕生子話題時，劉嘉玲下意識地合抱起了雙臂，這個動作明顯表明懷孕生子的問題讓她感到了緊張，為了保護自己，於是她故意人為設置屏障，阻止話題繼續下去。

將雙臂交叉抱於胸前，就等於在自己與對方之間建立起了一道障礙物，這道障礙物能夠將其不喜歡的人或物統統擋在外邊。或許你注意過，在排隊等候時或在擁擠的電梯裡，許多人會下意識地做出這個動作，以掩飾在周圍聚滿陌生人時內心的不確定或不安全感。

某市政府曾經舉辦過一次辯論會，辯論的焦點是房地產開發商在開發過程中的砍伐樹問題，與會者則是開發商代表和綠化環保代表。顯然，這次辯論會的雙方有著比較嚴重的歧異。

辯論會一開始，雙方便劍拔弩張、唇槍舌戰起來。有意思的是，除了言語上的往來外，雙方均使用了一個相當一致的肢體語言──雙臂交叉合抱於胸前。在主持人發言，正式辯論即將開始時，有將近半數的與會人員出現了這個姿勢；當開發商代表發言時，綠化環保代表中保持這一姿勢的人數比率迅速上升到了百分之九十；而當綠化環保代表開始發言時，開發商代表又幾乎都擺出了這個姿勢。

顯然，故事中的辯論雙方都是在以這種姿勢傳達著對對方觀

點的拒絕和否定，同時傳達著對自身觀點的堅持和維護，表明自己不會輕易被說服，對方很難化解他們的敵意。

　　現實生活中，這樣的場景有很多。許多演講者之所以沒能成功地將資訊傳遞給觀眾，就是因為他們沒有留意到觀眾這種交叉雙臂的姿勢；推銷員之所以沒能夠成功推銷自己的產品，有時候也是因為忘了對方擺出此姿勢的含意；商務談判的雙方之所以沒能說服對方接受自己的條件，就是因為沒能化解該姿勢所傳達出的對方內心的敵意等等。

　　相反，如果是一個經驗豐富的人，當他們看到自己的聽眾擺出了這樣的姿勢就知道自己必須改變策略，迅速駕駛一艘性能良好的「破冰船」，擊碎自己與聽眾之間的冰山，以便成功地吸引聽眾，說服對方，直到他們改變姿勢，將原本的否定轉變為肯定。

　　由此可知，當我們與他人交談時，一旦看到對方擺出了雙臂交叉的姿勢，我們就該立刻意識到自己已經不受歡迎了。這時候應該迅速反思：我是否說了一些讓他不高興的話？我是否表達了他不能同意的觀點……如果你希望談話繼續進行下去，那麼就該想辦法找出讓對方出現這種姿勢的原因，然後對症下藥，盡快使對方轉變態度。如果暫時找不出原因，但希望對方改變這種姿勢，那就耍點「小手段」吧：找一件必須讓對方用手來接或用手握著的物品，或是找一件必須讓對方放開交叉的雙臂才能做的事情，以此迫使他們改變姿勢。譬如，如果你在演講中遇到這種情況，就給聽眾來次簡單的隨筆測試；如果你在推銷中遇到這種情況，那就把手裡的宣傳資料給對方一份；如果你在談判中遇到這種情況，那就把一杯水遞到對方面前等等。

　　稍微留意一下，你可以在很多人身上發現這種頗有排斥意味

在裡面的合抱姿勢。如果你發現自己也做出了這樣動作的話，那麼，不妨調整一下雙手的位置，試試垂下雙臂，換成手握手的姿勢，或者靠在門邊，盡力站直，這一點小小改變可以讓你感到放鬆，並且感覺更加自信。

7 不經意的十指交叉透露他正沮喪

　　十指交叉也是常見的姿勢之一。十指交叉舉在面前，面帶微笑，或者十指交叉平放在桌面上，這種動作常見於發言人正處於心平氣和或娓娓敘談的時候。乍一看，似乎採用十指交叉的動作表明很自信，但有時並非如此。經過心理學家的研究發現：擺出十指交叉姿勢的人很可能內心動蕩，正陷入一種不安的心理狀況，他努力用手指環環相扣的方式掩飾自己的沮喪態度。

　　千萬不要誤認為十指交叉是很自滿的意思。事實恰恰相反，將十指交叉，遮住一半面部，一般都是在隱藏自己的感覺。當然，這種動作也有表示對抗情緒的意思，表示對你所說的東西不感興趣。而如果他忽然把手鬆開，配合著上身前傾，這說明他想發表自己的觀點，或者想離開，卻又礙於面子，不好表達。十指交叉有時還表示焦慮、緊張不安的情緒。

　　某個警察局破獲了一個重大的連環殺人案件。犯罪嫌疑人被抓以後，審訊就成了一件十分棘手的事情。因為那是一個極其聰明而且反偵查能力很強的男人。男人的態度很明顯，非常配合，但就是不說實話。問口供的人都是極有經驗的老員警，雖然知道

男人說的話是非常明顯的假話，但卻拿他沒有絲毫辦法，因為他的謊言滴水不漏，無論如何都發現不了破綻，也無法確認他的話哪句是真，哪句是假。

這種狀態僵持了數天之久，大家想了很多辦法都能為力。這時，一個曾經學過心理學的同行提供了一個方法。

再次審訊時，問詢人員專門在問詢室安排了一名攝影，然後開始提出各式各樣的問題。審訊結束後，透過反覆看審訊過程的錄影，他們發現在回答提問的問題時，犯罪嫌疑人的手勢有明顯的改變。比如，在回答一部分問題時，他的雙手會比較自然地放在腿上，而且一般會一動不動；而回答另外一部分問題時，儘管他的眼睛依然會十分鎮定真誠，回答的內容也挑不出任何毛病，但他的雙手卻會在不覺中做十指交叉狀，而且不斷用一隻手的拇指輕輕摩擦另一手的手背。

以此為線索，員警很快就發現了更多漏洞，最終將這個罪大惡極的傢伙繩之以法。

上述案例中的十指交叉是幫助員警找到對方謊話漏洞的重要工具。一般來說，做出十指交叉手勢，手的位置的高低似乎與消極情緒的強弱有關。有的將十指交叉放在膝上，也有的站立時將十指交叉放在腹前。就以往的經驗而言，高位十指交叉比中位十指交叉更顯得高深莫測。正像所有表示消極情緒的姿勢一樣，要想讓使用這個姿勢的人打開緊緊交叉的十指，都需要用某種努力來完成。否則，對方的不安和消極是無法改變的。

比如，十指交叉，但自然放置，多是說話者比較自信的信號。使用這種手勢時，人們往往會神情坦然並且面帶微笑。英國的伊麗莎白女王在出席皇室訪問以及參加公眾活動時，就經常使

用這個手勢，在做這個動作時，微笑的女王常常會把雙手優雅地放在膝蓋上。

十指交叉時，如果雙手緊握，常常是拘謹、焦慮、消極、否定等心理的外現。由此可知，當在談判過程中某人使用該手勢時，則證明該人已經有了挫敗感，連他自己也認為自己的話缺乏說服力，開始自我否定。

十指交叉，自然放於身體胸腹之間是一種傳達「拒絕」心理的手勢，也在一定程度上意味著挫敗感。如果在交談過程中，對方出現了這種手勢，那麼進一步溝通就會相對困難。這時候，如果你希望交談進行下去，就要立刻採取一些行動，解開對方那些纏繞在一起的手指，比如給他一杯飲料，或其他需要用手握住的東西。不然的話，他交叉於胸腹部的雙手會像交叉於胸前的雙臂一樣，將你所有的觀點和想法全都拒之門外。

十指交叉放於大腿，兩拇指尖相頂的姿勢表示說話者不知如何是好，也就是當下的情境或話題讓他感覺進退兩難。如果遇到這種手勢，仔細去觀察一下，伴隨著這個動作，對方往往還會有放緩語速，甚至有咬下唇的動作出現。

十指交叉，一手拇指向上伸直，或者是兩手拇指都向上伸直，拇指尖不頂在一起。這個動作的含意是：我很自信，我對自己所說的話十分有信心，對我們所談的事情也給予十分積極的態度。

十指交叉，眼睛盯著對方是一種忍耐之態，多表示該人正在努力壓制自己的不滿或反感之心。

十指交叉，交叉的雙手被置於臉前時，是很明顯的「敵意」動作。該動作表示對對方已經心存不信任等消極情緒，不希望談話再進行下去。

　　關於十指交叉時，兩手拇指的交叉順序，也有人做出了有趣的解讀，比如，兩手交叉右手拇指在上的人多是「理性的」、「現實的」、「積極的」、「控制欲強」的人。左手拇指在上的人性格往往是「直覺型的」、「幻想型的」、「協調型的」、「從屬型的」。

8 摩擦手指可能是緊張

　　摩擦手指的動作展現的是一種拘謹、焦慮的心理，或是一種消極、否定的態度。

　　人們通常會用揉搓拇指和食指指尖的動作來暗指金錢，或是表達索取金錢的意願。因為，這一動作與用手指指尖摩擦硬幣的動作實在是太相似了。那些在大街上叫賣的人經常會一邊叫嚷著「看一看，比百貨便宜百分之四十了」，一邊揉搓自己的拇指和食指的指尖。當某人向其朋友借錢時，也常常會在說「能不能借我五十元」的同時，向身邊的朋友做出這一動作。

　　用一隻手的手指摩擦另一隻手大多數時候表現出的是一種負面心理。當處於懷疑或壓力狀態下時，人們多會在這個動作基礎上用一隻手的手指（通常是拇指）去摩擦另一隻手的手掌。按照心理學的說法，這種自我接觸會產生一種安慰大腦的功效，因此，它揭露了做動作的人內心的焦慮不安和複雜多變的心理活動。

　　舉起的雙手如果握在了一起，即使做此動作者面帶微笑，也難以掩飾其心中的失落與挫敗感。談判專家尼倫伯格與卡萊羅曾

摩擦手指可能是緊張。

經針對這一動作開展過專門研究。其結果顯示，如果有人在談判中使用了該動作，則表示此人已經有了挫敗感。這就意味著在他的心中，焦慮與消極的觀點開始蔓延。

　　一位年輕漂亮的女士和一個男士吃飯。女士什麼都吃，而有點瘦的男士皺著眉頭，拿著筷子將盤子裡的菜翻來撥去，似乎食物有點不太合胃口。

　　看到有點瘦的男士一直不怎麼吃，女士有點不開心，她輕聲開導男人說：「這麼大的人了還挑食，要營養均衡才行啊。」連說了三遍，瘦點的男士抬起頭看了看女人，笑了笑，然後開始吃一盤肉菜，漂亮的女士沒有再說話，而是放下了筷子，拿起杯子開始喝飲料，放下杯子的時候她雙手撐在桌子上，不自覺地用右手摩擦起了左手的手指。

　　通常來說，人們會在感到自己的話缺乏說服力，或是認為自己已經在此次談判中落敗的時候，會做出這種緊握雙手的動作。

　　摩擦手指的動作大致有三種姿勢：將雙手舉至臉部，然後無意識摩擦；將手肘支撐在桌子或膝蓋上，然後摩擦；站立時，雙手在小腹前摩擦。

　　在身體的中間部位握緊的雙手挪向身體的下部，在這一動作中，雙手位置的高低與此人心理挫敗感的強烈程度有十分密切的關係。換言之，當一個人將兩隻手抬得很高而且雙手緊握的時候，即雙手位於身體的中間部位時，要想與他有進一步溝通就會變得很困難。相較而言，當他的雙手位於身體下部的時候，想要與他交流就會顯得更加容易。

　　因此，一旦你發現對方將手放到了「地雷區」之中，就需要像破解其他那些消極動作一樣，立刻採取行動，用技巧解開原

本纏繞在一起的手指。例如，你可以為他們提供飲品，或其他一些可以握在手裡的物品。不然，摩擦的雙手就會和交叉的雙臂一樣，將本人的所有觀點和想法全都拒之門外。

9 托盤式姿勢暗示不耐煩或者傾慕

　　學會解讀雙手的肢體語言不僅會讓人顯得更加自信，而且還能夠增強自身的成就感，贏取更多的勝利。

　　當別人做出豎起食指，挨著臉頰，把大拇指抵在下巴上這種托盤式姿勢時，一些人可能誤以為他正在思考自己剛剛說的話，但調查案例表明，更多情況下，這個動作的真實含意是表示對方對你的話或行為開始感到厭倦。如果此時仍滔滔不絕，對方可能還會用食指摩擦眼睛，這意味著，如果你再說下去，對方可能會睡著，也可能突然起身離去。

　　手托腮時，如果食指和中指緊貼臉頰，說明他正對別人的發言進行深入思考。但是如果手腕處托著下巴，才說明這個人對會議或別人的發言漠不關心或是毫無興趣。對方的潛台詞是「我的時間很寶貴，我們的談話時間太長了。」

　　有時為了變換這種單一的動作，對方可能會加入別的小動作，比如，手在桌子上無意義擺弄滑動，或伸進口袋裡擺弄鑰匙等物品。這時，你可以這麼做：如果你手裡有檔案，最好把它遞給上司，巧妙地讓上司改變姿勢，他的態度也會隨之改變。更重要的是，迅速想想今天的談話重點，把沒說的趕快說出來，加快語速，讓上司明白，你正為縮短談話時間而努力。

　　當然，這並不絕對，有時，這種托盤式姿勢也暗示著正在宣揚自己的權威與心情。如在向心儀的對象表達愛意時，還能發揮積極的正面效應。使用這一姿勢的多為女性，她們通常都是藉此來吸引心儀男性的注意力。

　　有一對男女面對面坐著聊天，男士正在侃侃而談，女士將一隻手搭在另一隻手上，雙手撐住下巴，微微抬頭將臉迎向對方，此時她的表情一定是滿眼崇拜，而女士的這一表情會極大地助長男士的自信，因為這一動作配以崇拜的表情，它要表達的意思是：「你好厲害，我好崇拜你！你是我見過的最博學多識的人！」

　　在這裡，女士做出的「一隻手搭在另一隻手上，雙手撐住下巴，微微抬頭將臉迎向對方」的動作，就是一個常見的恭維對方的托盤式動作。女士認真傾聽著男士的侃侃而談並且做出托盤式姿勢，該動作的含意可能有三種情況：

　　第一，女士被男士的學識和口才所征服，不由自主做出仰慕的動作——托盤式姿勢，此時該動作是完全自發的，是人在感情的驅使下自然地做出的一個動作，很多人在傾聽有才華的異性講話時都會做出這種動作，這表示動作者將聽對方說話作為一種身心的享受。

　　第二，女士被男士的外貌所吸引，在這種情況下，女士因為陶醉於欣賞男士俊顏的情境中而自發做出托盤式姿勢。此時女士的心思並未在雙方的交流情境中，她可能並未聽進去對方在講什麼，只是以口頭的「嗯啊」隨意應付，這是我們生活中常見的典型的「花痴女」。

　　第三，女士對男士傾慕已久，所以她想主動傳遞給對方她的

托盤式姿勢暗示不耐煩。

好感和傾慕之意。這時她的托盤式姿勢是有意識做出的，這個姿勢會讓女人看起來更嫵媚更溫柔，而且表意更明確。這種情形就好像是女性將自己的臉當成一件精美的工藝品。

　　仔細觀察我們就會發現，做出托盤式姿勢的人多為女性，這個動作被認為是女性意味比較強的動作，男士做出這個動作會有失男性的陽剛之氣。

　　有很多銷售培訓師認為，如果女性有和男性同樣的壓力承受能力，女性將會比男性更適合做銷售，原因是女性有很多巧妙的傳情達意的小動作。

　　例如，當一個女性推銷員在認真地推銷某產品時，她眼中流露出的誠懇更容易讓人相信；當一個女士做出托盤式姿勢時，坐在她對面的人就會很容易接受她的敬佩恭維之意，而且男士的控制欲往往很強，在看到對面的女士做出表示仰慕和恭維的托盤式姿勢時，男士就會認為自己征服了面前的女士，因而信心大增。

　　除了前面所講的傾慕之意，托盤式姿勢還不可避免地會傳達出討好恭維之意。因為托盤式姿勢是認真傾聽者不由自主會做出的一個動作，當演講者看到聽眾做出托盤式姿勢時，他接收到的資訊是：「他對我的講話很認同很感興趣……他甚至在思考……」而實際上，做這個姿勢的人也許並不是在認真傾聽，也許不是十分認同對方的觀點，他的這個姿勢只是為了討好、恭維對方。

　　既然托盤式姿勢能表現對異性的傾慕之意，對朋友或者領導的討好恭維之意，那麼，我們應當學會合理運用這個肢體動作，讓它為我們的人際交往助力。

　　當我們在做出托盤式姿勢時，我們可以將這個動作和我們豐富的表情配合起來，千萬不要成為一個只會做動作，不會傳達感

情的木偶。當我們想討好和恭維對方時，我們就應該在表示仰慕的同時，配合鼓掌稱好，這樣才更能顯示你對對方的誠意，對方也更容易對你產生好感。

 # 10 做尖塔形手勢的人對事情很有把握

　　所謂尖塔形手勢，也就是將一隻手的指尖相對應地輕輕接觸另一隻手的指尖部位，形成一個尖塔形的手勢，就好像是教堂裡高聳的尖塔。尖塔形的手勢經常出現在上下級之間的交談中，而這一手勢代表的是信心或是一種自信的態度。比如當老闆兩隻手的指尖輕輕相碰，形成尖塔式手勢，放在嘴上或頷下，他的潛台詞是「我是老闆，你得聽我說，最好別插嘴。」代表著老闆對眼前的事很自信。

　　尖塔式手勢是上級指導下級，或律師面對客戶時的招牌動作。有研究發現，幾近三成以上的老闆，在和員工進行私人談話時，都以「尖塔式」作為開場動作。如果是合作談判的對象，當擺出尖塔式手勢時，說明他非常自信，起碼面對你，他非常有把握贏取勝利。

　　自信的高層管理人員經常會使用這一手勢，以此展現他們的身分和自信。對自己的答案很有信心慣於使用該手勢的人有時候還會將它演變為一種祈禱式的手勢。總體說來，如果你想說服對方，或是贏得他人對你的信心，你就應當盡量避免使用尖塔形的手勢，因為這一手勢有時候會給人造成一種自鳴得意、狂妄自大的感覺。

你可以這麼做：面對老闆，千萬不要以尖塔式手勢回應他，這只會讓對方覺得你自鳴得意、狂妄自大。

這時最好微笑、點頭，頻頻附和老闆說的話，以示你與老闆站在同一立場。

不過，如果你想使自己看起來顯得胸有成竹，自信十足，那麼尖塔形的手勢應該能夠幫助你。

總體說來，尖塔形手勢分為兩種：舉起的尖塔，人們通常會在發表自己的觀點意見或說話時使用該手勢；放下的尖塔，使用該手勢者正在聆聽他人的觀點或談話。比較而言，女性更加偏愛使用放下的尖塔手勢。舉起的尖塔手勢如果配以頭部微微後仰的動作，通常會給人留下傲慢自大的印象。

雖然尖塔形的手勢是一種正面的肢體信號，但是它也同樣可以用於消極或否定的場景之中，而且通常會被人們誤解。譬如說，你正在向某些人陳述自己的觀點，而且對方中的許多人也透過一些動作和手勢肯定了你的陳述，例如手掌攤開、身體前傾、點頭等等。然而，就在你的陳述即將結束的時候，有些人卻開始擺出了尖塔形的手勢。如果是放下的尖塔形手勢的情況下，你就應當謹慎處理了。

當你向某人提供問題的解決方案時，對方是在做出其他一些肯定性的手勢或動作之後，擺出了尖塔形的手勢，那麼，你大可以放心地繼續你的陳述，並且提出「訂單要求」。

換一種情況來說，如果對方接連做了一些否定性的手勢或動作，譬如交叉雙臂，蹺起二郎腿，東張西望或是用手托住了腮幫，然後才擺出了尖塔形的手勢。那麼，這就表示他接下來很可能會對你說「不」，從而結束你的談話。

11 握手的輕重證明對你的重視程度

　　握手最早發生在人類「刀耕火種」的年代。那時，在狩獵或戰爭時，人們手上經常拿著石塊或棍棒等武器。他們遇見陌生人時，如果大家都無惡意，就要放下手中的東西，相互撫摩一下掌心。這種習慣逐漸演變成今天的「握手」禮節。

　　與陌生人初次見面，為了給對方留下一個好的印象，人們大都會重視服裝和微笑，但根據調查指出，握手能夠對人的第一印象產生決定性作用，因為人類能夠對來自內在或者外在的刺激做出更強烈更敏銳的反應。握手已經是現在最通行的見面禮節，是表示友好的一種方式。所以，想在初次見面留給他人良好的印象，就要學會與人握手的技巧。

　　在文明社會，握手的位置、用力的輕重、時間的長短以及是否用目光注視等，都可以反映出一個人的修養和態度。並且，從與對方握手的一瞬間就可以感覺，對方是熱情還是冷淡，是謙恭還是傲慢，是自信還是自卑，是真心實意還是敷衍了事。當握住他人的手之後，對方若用力回握，則說明他具有好動的性格；若對方回握乏力，則說明他缺乏氣魄，是個個性懦弱者。在握手的一瞬間，對方對你的印象之門便打開了。

　　有的人握手常常是象徵性地輕輕握一下，這多是沒有什麼交情的握手；有的人握手握很長的時間，這說明雙方感情比較深厚，或者一方戀戀不捨，這種人往往是比較重感情的人；有的人握手時則喜歡大力握對方的手，這種人多是獨斷專行的人。

　　握手時使大力主要展現在：緊抓對方手掌，大力緊握。採用這種握手方式的人一般精力充沛、自信心強，但為人比較專斷、

獨裁。他們往往有一定的組織力及領導才能，有組織團隊、帶領團隊的能力，是那種天生的領袖人物。但他們常常獨斷專行，不願接受他人的意見或建議，也不願按照別人的想法實施即將開始的工作。他們只想遵照自己的意願去行動，也希望別人遵照他們的意願去行動，否則他們會很不高興。

因此，當我們在與人握手遭遇這樣的情形時，我們便可知道對方肯定是個有領導才能但做事比較獨斷專行的人。碰到這樣的人，我們應不卑不亢地對待，既不能讓他平白無故地凌駕於我們之上，也不要無故地衝撞他們。

一次，李先生遇上了一種非常尷尬的情況，別人替他向另外一位小姐作介紹。介紹完畢後，李先生一下就把自己的手首先伸出去要和對方握手。沒想到這位女士擺架子，不理他。李先生的手撤不回來了，只好在那兒硬撐著，足足有二、三十秒。後來他只好假裝頭癢，伸手去撓後腦勺。

一般情況下，握手握一下即可，不要太用力；男士與女士握手，用力要輕一些，一般應握女士的手指，時間要短一些，切忌握住不放；女士假若不打算與向自己首先問候的人握手，可欠身致意，或點頭微笑，不要置之不理，或扭身而去；數人相見，握手時間應大致相等，不要給人以厚此薄彼的感覺。

握手得體、有力往往代表著善於社交、友善和支配能力強。美國愛荷華大學的研究人員對一百名學生進行了模擬求職面試，在求職前和求職後，這些學生分別與五位人際關係研究學家握手，專家分別給學生打「握手分」。結果發現，握手有力的求職者受雇的成功率遠遠大於握手無力的求職者。值得注意的是，握手時正視對方，注意出手體面且握手力道適中，對於女性求職者

的幫助更大。

　　握手無力會給人留下性格內向、害羞和神經質等不佳印象。不論對男人還是對女人來說，都不利於給別人留下深刻印象。

　　除此之外，握手應講究先後次序，特別是出席較大聚會時，一定要嚴格遵循「先年長者後年幼者，先長輩後晚輩，先老師後學生，先女士後男士，先已婚者後未婚者，先上級後下級」的握手順序。這種「尊者決定」的原則，既是為了恰到好處地展現對位尊者的尊重，也是為了維護在握手之後的寒暄應酬中位尊者的自尊。因為握手往往意味著進一步交往的開始，如果位尊者不想與位卑者深交，他大可不必伸手與之相握。

　　握手的標準方式，是行禮時行至距握手對象約一公尺處，雙腿立正，上身略向前傾，伸出右手，四指併攏，拇指張開與對方相握。握手時應用力適度，上下稍許晃動三四次，隨後鬆開手，恢復原狀。

　　另外，在宴會等多人聚集的場合，能夠很輕鬆自如地和陌生人握手的人，具有旺盛的自我表現欲。如果你希望在宴會上多認識朋友，給大家留下美好且深刻的印象，那麼就表現出你的灑脫來。

12 輕擦掌微點頭表示肯定

　　輕擦手掌這個動作大部分人從小時候就開始了，當小孩子感到高興，準備去拿禮物時，常會在不經意間搓搓手掌。在成人間，如果某人突然受到了獎勵或者挑戰，也常常會搓搓手。科學

家稱輕擦手掌最常見的心理密碼就是：對某些事物抱有期待，而且這種期待是飽含自信的。這個動作的另一個涵意是緊張不安，如那些初次登台演講的人，他們不知所措，也常會輕擦手掌。

人們常常會用輕擦手掌的動作來表達對某一事物的期待之情。此外，人們輕擦手掌的速度還暗示了他們認為誰會成為此次會談的受益者。

例如，你想買間房子，當你陳述完買房要求之後，房地產經紀人一邊快速地輕擦手掌，一邊說：「太好了，我手頭就有一間你想要的房子！」在這裡，房地產經紀人希望透過這一動作讓你知道你將會是這筆買賣中的受益者。試想一下，如果反過來理解，當他在說這句話的時候，他輕擦手掌的速度十分緩慢，你的感覺會怎樣呢？很可能的結果是你會覺得他隱瞞了一些事情，所以有些閃爍其詞，甚至會覺得他希望此次交易的受益者是他自己，而不是你。

有個社會心理學教授做過一個實驗，他讓學生互相訪談，在訪談過程中要求一半學生將手放在桌子下面，而另一半學生將手放在明顯的地方而且輕擦手掌，並配合微微點頭的動作。訪談結束後，專家發現，將手放在桌子下面的人給人的印象都不太好，他們被認為戒備心強，甚至說話虛偽。而另一半將手放在桌子上且輕擦手掌的人則被認為真誠大方，說的話也具有較強的真誠度。

點頭表示認可，再配合輕擦手掌的動作，會強化認可的程度。而且輕擦手掌時，一般會有一隻手的手心向上，這種動作一般表示和善、順從。在日常社會交往中，人們手心向上，也是想告訴對方：「我對你是坦誠的」，「我的手裡沒有武器，對你沒有敵意」。手心向上的姿勢還常用於邀請某人就座或者上台演

講，這時，伸出一隻手，手心向上，指向目標地點，對方便可明白你的意思。

特定的手掌姿勢代表了不同的意思，我們可以透過主動控制自己的手掌姿勢來養成真誠、友善的說話習慣。

蘭心在一家公關公司工作，雖然蘭心的工作能力在公司同事中處於中上水準，但是蘭心覺得自己還有很大的進步空間，於是她找了一位著名的社交禮儀顧問來糾正她的行為動作，而糾正的方法就是透過和社交禮儀顧問的幾次交談，讓社交禮儀顧問逐一指出她的問題。而社交禮儀顧問在第一階段交談之後就指出，蘭心在交談時不夠真誠，明顯表現出焦慮。因為她總是將雙手緊握，或者十指交叉握在一起。專家建議，如果對別人所說的話感到滿意，不妨微微點頭，輕擦手掌，而且最好改掉緊握雙手的習慣。

根據專家的建議，調整了自己的手部動作後，蘭心的工作果然更加順利，不僅老客戶更加願意和她聯繫，新客戶見過一兩次之後也常常能與蘭心成為很好的朋友。

一些職業輔導人員都會向從事銷售工作人員傳授一個簡單的促銷方法：在向準顧客描述產品或介紹服務的時候，最好能配合以輕擦手掌的動作，而且速度一定要快，以免引發準顧客的防備心理。如果顧客一邊快速地摩擦雙手手掌，一邊說：「讓我看看你有什麼？」那麼，這就表示他希望能夠看到一些令他滿意的好商品，而他的購買意願也很強烈。

對於職場中人來說，如果是男上司，在與下屬談話時碰到感興趣的問題，或對下屬的意見表示贊同，他會輕輕對搓雙手，這種動作在推銷員和客戶間也常見。如果眼前的推銷員做了這個動作，說明他對這筆交易很滿意，他才是最大受益人。而女上司，

尤其是年輕女上司，表達贊同的方式則是頻繁點頭，示意她對建議非常滿意。上司輕擦手掌和微點頭的潛台詞是：「很好，繼續說。」那麼，你可以這麼做：有意放慢語速，斟酌自己的用詞。因為上司這麼做，是對你工作的肯定，但這只是第一步，這時最重要的是保持謙和態度。如果你得意忘形，在接下來的談話中夸夸其談，反而會給上司留下辦事不牢靠的印象。

13 先凝視再握手想展現自身優勢

　　一面和對方握手，一面注視對方面孔的人，在心理上有著較強的優勢，是一種不大容易妥協的人。如果握手的時候，堅持目不轉睛地注視著對方，則他的目的可能是要使對方在心理上居於下風。

　　如果是女性，這種一邊握手，一邊注視的風格，則表明她有意引起對方注意，以獲取對方對自己的好感。對於其他長期從事接待、交際工作的人來說，這種握手方式則表示自己能力強、有自主意識。

　　過長時間凝視對方，或者無力握住對方手的人，性格較脆弱，依賴感強；握手時綿軟無力，則表示缺乏堅強的個性，遇事優柔寡斷。綿軟地與人握手，則表現為一種標準的中國風格——後發制人，遇事讓三分；先靜後動，以退為進。當然，也可以做出這樣的判斷：在他們的內心深處，有一種較為明確的自我規範。

　　當外在的人或事物衝擊了這種自我規範的界限，他們便認為這是一種冒犯行為，就會產生強烈反應，進行猛烈反攻，甚至惡

狠狠地報復。但是，不能認為他們的主動意識是弱的，我們要看到，他們的進攻性的主動行為是弱的，而和平性的主動行為並不弱。這種和平性並不一定表現為熱情，因為外化出來的熱情，往往是一種主動性的進攻行為。

怎樣注視才是最有積極效果的呢？正確的方式是微笑著看對方的眼睛，保持六～七秒，然後微笑著移開眼神。時間不要太長，也不要草草了事。

微笑著注視對方的人更能給人留下好印象。英國研究人員發現，人們通常會認為那些微笑著注視自己的人更具有魅力。

曾經有一個心理學家做了一個測試，他要求志願者評價呈現在電腦螢幕上的兩張人臉圖片哪個更有魅力。為了消除人臉的物理特徵對偏好的影響，每次呈現的兩張圖片都是同一個人的照片，只是面部表情或者眼睛的注視方向不同。實驗結果發現，志願者認為那些微笑的臉更有魅力，並且那些注視著志願者尤其是異性志願者的臉，比注視著其他方向的臉具有更高的「魅力指數」。這說明人們很注重她（他）的眼睛注視的方向，伴隨著微笑而注視對方，是融洽和和諧；伴隨著皺眉而注視他人，是擔憂和不安。

如果感覺到害羞或緊張，也不要刻意躲避對方的視線範圍。目光交流不僅可以相互交換資訊、傳達彼此的看法，更重要的是，能建立起相互之間的信任和理解。

注視中，這種「看與被看」的關係非常微妙。一般來說，在雙方對視時，較弱小的一方會先將目光垂下，而讓比自己強的對方來觀察自己，發現自己的弱點，這樣一來，逃避目光者也就陷入了一種不利的地位。他們之所以會因被看而感到不自在，也就是因為他們對自己的劣勢感到不安。

　　同樣，在雙方見面時，如果因為膽怯而低下頭，那就等於將支配權讓給了對方。這可能會讓對方輕易地獲得控制權，也可能讓對方無所適從，不知道你的想法。要建立彼此對等的關係，絕對不能迴避對方的目光。從對視中，我們可以看出誰是弱勢的一方──兩人對視，一人迴避對方目光。如果你想表現強硬，你也可以直視對方的眼睛。但是，交談時也不能一直盯著對方的眼睛，那會讓人產生壓力。

　　某公司在遷移到一座新建的硬體設施都很完善的大廈辦公後，員工的工作效率反而降低了，經營者百思不得其解。後來管理者經過調查發現，原來問題出在那些為了多方採光而設計的寬廣的玻璃窗上，由於外面的情形被一覽無遺，裡面的工作人員覺得外面的人在一直盯著自己看，內心的不安全感造成了工作效率的低下。結果，這家公司只好用百葉窗遮住外面紛擾的情形，以維持員工的工作效率。

　　如果我們用自信和不自信來簡單地進行區分的話，則可能將上述情況理解為缺乏自信。過長時間注視有可能是自信過頭，過分殷勤地和對方握手，則表現出這個人目的性很強，會奉承巴結人。

　　如果用專注的神情一再和對方握手，表明這個人懷有某種目的，因為握手不過是一種禮節性接觸，過分看重這種接觸，那就是弦外有音了。

14 肩膀緊縮可能是生氣了

肩部往往成為很多人身體語言的「盲區」。肩部所表達的語

言含意雖然不多，但如果在商務交往中不在意它，也許會給對方「意外的傷害」。

肩部舒展，說明有決心和責任感。商務交往中，這種肩部姿態無疑是對方非常希望看到的。肩部耷拉說明心情沉重，感到壓抑。肩部收縮，說明他正在生氣，隨時可能爆發。

如果從生理學的角度來看，肩膀發揮連接作用。為保證胳臂既能夠運動自如又具有一定力量，肩膀必須在韌性與力量間尋求一個平衡。若是從肢體語言的角度來看，肩膀可以產生擴大或縮小身體範圍的作用，同時也可以表達威嚴、驚恐、依賴、攻擊、膽怯、失落等其他很多含意。

古人對肩部動作也有觀察，常用的詞是「鳶肩」。鳶，通俗來說就是老鷹。鳶肩──也就是老鷹常見的姿勢──聳著肩膀。「鳶肩豺目」是指一個人陰險狡猾，「鳶肩鵠頸」是指一個人伏案苦思的樣子，而「鳶肩羔膝」是用來形容一個人的卑微之態。乍看之下，似乎有矛盾。但實際上是準確的：如果常聳著肩膀且眼光兇狠，則聳肩膀的含意有炫耀成分；坐在桌邊思考時，人們常以手支頭，那肩部是聳的；而聳肩膀與彎著膝蓋用在一起則說明，此人處於驚恐不安狀態。

肩膀對於男性來說，既是力量的象徵，也和男性尊嚴地位緊密相連。所以男性肩膀以寬厚為美，肩膀也常反映出一個人的狀態。當一個人滿腔憤怒時，會將雙肩往後縮，縮肩的動作彷彿給身體擰緊了發條，隨時準備彈射出去，而與此相對應的是，如果對方用力張開雙臂的肩膀，則代表希望振作精神、準備開始發揮專長；當自感負擔太重時，人往往會無意識地將雙肩向前挺出，似乎在暗示肩部不堪重負。

肩部同時也可以反映人們之間的親疏程度。帶有敵意的兩個

肩膀緊縮可能是生氣了。

人，也常用肩部說話，即故意用肩部去撞擊對方的肩部，這意味著挑釁，因為侵犯了對方的身體空間；而如果對方有警惕之心或不想正面回應對方的逼人姿態，人們也可能採取側肩姿勢。

15 反覆摩擦大腿說明很有壓力

自我觸摸常常被人們用在情緒高漲的時候以使自己獲得安慰，透過觸摸鼻子、耳朵、嘴唇、手臂或者大腿來減輕或者釋放內心的壓力。這些姿勢包括抿嘴、摩擦雙手、摩擦大腿等等。人們使用這些有用的姿勢來強調對話之間的停頓，或者來告訴他人自己現在的情緒狀態。

小羅去應聘一個外商公司的高級職位，公司高級主管安排了一次面試。在面試進行的過程中，小羅的雙臂和雙腿始終保持互相交叉的姿勢，不時有微微摩擦的動作，好像正在仔細思考應該回答的內容。但是見多識廣的面試官注意到他摩擦的動作幅度較大，頻率較快，雖然是斷斷續續，但似乎是在暗示他對自己所說的話並沒有自信。精明的主考官仔細看了看小羅的眼神，發現他的眼神游離不定，很明顯在他心裡懷有某種隱憂。最終小羅沒有被錄取，原因是他的肢體語言與他嘴上所表達的資訊自相矛盾。事後，主管出於好奇心，與小羅的原工作公司取得了聯繫，結果發現，他捏造了虛假的工作經歷。

緊張時我們會不自覺地將雙手放在大腿上來回摩擦，試圖平緩自己的情緒，有時候你可能會發現對方動作快速，決定很果

斷，但這通常是假象，快速摩擦雙腿恰恰是為了掩飾自卑，真正有自信的人會深思熟慮，而不是不假思索就做出決定，急著展現自己的信心。

　　羅丹的雕塑《思想者》展示了思想者陷入沉思的姿態；然而身體的姿勢和支撐著頭部的手，卻刻畫出思想者沮喪的一面。在一些影視作品裡，我們經常能看到人物因為緊張而摩擦雙腿的動作，但因為這個動作太過明顯，除非動作人本身非常局促，會無意識地做出這個動作，一般人可能都不會有這樣的動作。

　　當一個人緊張時，他可能會下意識地把手放在腿部，或者雙手插在併攏的雙腿間。這會讓無所適從的雙手找到一個可以放的位置，同時腿部的溫度足以讓雙手和大腦同時感到放鬆。

　　如果你發現與自己談話的人做出這樣的動作，不妨嘗試說個笑話或者轉換一個話題，使對方緩解緊張情緒，如果對方是站著，請提供一個座位讓他坐下，如果對方是坐著，可以嘗試離開自己的座位，找一個位置坐到他的附近，並順便提供一杯水。這樣會讓緊張的人感到自己正在受到照顧，並且剛才讓自己緊張的人並沒有那麼咄咄逼人，從而放鬆地與你交談。

16 重複觸摸脖子可能正在撒謊

　　當一個人講話時老是忍不住重複地觸摸自己的脖子，那麼你有理由懷疑他可能隱瞞了一些事情，他可能正在對你撒謊。

　　為什麼摸脖子會與撒謊或者討厭的人或事扯上關係呢？這是因為當一個人覺得某個人很討厭時，脖子後面微小的肌肉組織就

會呈現乳突狀——我們經常將之稱為雞皮疙瘩。這種身體上的反應是從遠古時代延續下來的。在人類還沒有進化為直立行走的智人之前，渾身都有著濃密的毛髮幫助禦寒，在感受到危險臨近或者極其憤怒時，脖子後面的肌肉便呈現出乳突狀，從而使毛髮豎立起來。現在，我們在狗的身上也能見到這種反應，當一隻狗被另一隻懷有敵意的狗激怒時，牠脖子後面的毛就會豎起來。對於我們人類來說，沮喪和恐懼都會讓脖子後面隆起一片雞皮疙瘩，讓我們有刺癢的感覺。所以，我們只能用手抓撓那塊區域，以消除身體的不適。

香港某豔照事件發生後，其中之一的當事女主角在接受某記者採訪時，曾聲淚俱下，對自己的過錯坦承接受並道歉，說自己「都沒埋怨過任何一個人」，「不可以將錯誤推卸到別人身上」。的確如此嗎？細心的觀眾會發現，在這位女演員說的時候，她不經意地扭動了身體，並幾次用手輕輕觸摸了一下自己的脖子，看起來就像撩動落在後面的頭髮一樣，動作細微，但洩露了天機——連她自己都不能完全相信她說出的話。

當人們撫摩或者按摩脖子時，可以有效緩解這種不適感，研究表明這也是使用最頻繁的安慰行為之一。原因是我們的頸部有許多神經末梢，只要稍加按摩，就可以有效降低血壓與心跳速度，消除緊張。另外，按摩額頭或是摸耳垂，也都是一般人緊張時會出現的動作。而如果男生拉著領帶，或是女生玩弄頸上的項鍊，也代表同樣的意思。

很多人都經常使用這種方法緩解壓力。有人會用手指撫摩或按摩脖子後面的區域，有人會按摩脖子兩側或下巴正下方喉結上方的部位。在說話時不停地用手摸脖子，這個小動作也是用來掩飾說謊行為的。有人對摸脖子的行為作了細緻觀察，如果每次

都用右手的食指，被撓的部位是耳垂下邊的頸部，並且撓頸的次數通常都在五次以上，這種動作代表了懷疑或不能確定的意思，即說話者也許正在想「我無法確定自己說的話是百分之百正確的」。

對於打領帶的男性而言，有時觸摸頸部的動作會演變為拉扯領帶或者衣領。撒謊會使敏感的面部與頸部神經組織產生刺癢的感覺，於是人們不得不透過摩擦或者抓撓的動作消除這種不適。這不僅能解釋為什麼人們在疑惑的時候會抓撓脖子，它還能解釋為什麼撒謊者在擔心謊言被識破時，就會頻頻拉拽衣領。這是因為撒謊者一旦感覺到了聽話人的懷疑態度，血壓就會升高，就會使脖子不斷冒汗。

當一個人感到憤怒或者遭遇挫敗的時候，也會用力將衣領拽離自己的脖子，好讓涼爽的空氣傳進衣服裡，冷卻心頭的火氣。當你看到有人做這個動作時，你不妨對他說：「麻煩你再說一遍，好嗎？」或者「請你有話就直說吧！行嗎？」這樣的話會讓這個企圖撒謊的人露出他的馬腳。

17 擰毛巾的動作有態度暗示

你或許不知道，我們每天所做的一個動作——擰毛巾，都會看出一個人的性格特點和做事態度。這個細微的動作一般我們是不會覺察出什麼的，然而，這樣的一個小細節卻被那些善於觀察的人看透了我們的心思。其實，擰毛巾的動作就如我們的習慣一樣，是不經意間的，不需要任何偽裝就做出來的。正因為如此，

擰毛巾的動作展現著人們的不同思想。

擰毛巾時，喜歡右手心朝上，做出這種動作的人，性格多半都很熱情，但同時脾氣也會有些暴躁，一句話不對，就會變臉，在對待一些事情時，總是以我為本位出發來考慮一切問題。這種人在談戀愛時，會傾向於以自己的情感為中心，喜怒無常，喜歡富有變化的安排。如果他的戀情遭遇到周圍人的反對，並不會因此而心冷，反而會因為阻力而更加熱誠。如果做這個動作的人是女性，她會比較喜歡比自己大些的男士。

擰毛巾時，喜歡左手心朝上的人富有較強的交際能力，不喜歡安靜地獨自在家。社交中，這類人心情爽快，很討周圍人的歡喜。在戀愛方面，也一樣會採取很乾脆的態度，不會拖泥帶水。這類人好奇心較強，有些粗心大意，丟三落四，但態度積極樂觀，待人處事容易往好處想。就算他們失戀、失業了，也不會消極悲觀。又由於這類人對一些雞毛蒜皮的小事情通常都不太在意，因此在戀愛的時候，常會受到異性的喜歡，異性緣非常好。

擰毛巾時，喜歡兩手掌都朝下，把毛巾斜著擰的人，尤其是女人通常都很賢淑。這類人懂得察言觀色，適時做出恰當的舉動。不該她說話的時候，絕不會插嘴，對於自己的立場，總是分辨得很清楚。做事時，會處處替他人著想。但同時她們的心眼也會特別多，比較喜歡幻想，執行力會稍微差一些。

把毛巾豎起來擰的人比較獨立，凡事都願意積極面對。這類人對自己喜歡的事情會毫不吝嗇地付出，不太追求回報，即使失敗，他也不會感到失望與後悔。相反，還會從中找到令自己難以忘懷的方面，常常獨自品味。這類獨立型的人，往往會被比他自己小的異性所喜歡，他們自己也容易在較為年輕的異性身上獲得滿足感。

當你了解了這些不同的擰毛巾的動作之後，一定會在別人擰毛巾的時候多看兩眼，以便於在瞬間看透對方的態度。

 ## 18 戴不同的手錶揭示不同性格

手錶作為人身上最得體的飾物，能傳達出主人的個性、氣質和品味。

小牛剛剛購得一只名貴手錶，戴在手腕上很有派頭。老闆叫他開會時，為了炫耀他的手上飾物，小牛總是假裝不經意地看錶，或者用手撫摩下巴而故意把錶露出。老闆本來準備委派他一項新業務，看到他這些動作，就對他說：「看來你今天時間很緊啊，有其他的事情要處理吧！那你出去把小李叫來。」

小牛不顧對象身分和場合的動作讓老闆會錯了意，因而也錯失了一次好機會。頻繁看錶或者露出錶的動作，一般情況下會讓對方覺得你並不想繼續談話，而藉一些小動作向他表示心中的煩躁。雖然情境再現中的小牛只是為了炫耀一下新錶而已，但這些動作顯然讓老闆感到不滿。

不同的戴手錶的方式也能揭示出人的性格，比如，將手錶戴在左手內側的人通常有些怕羞而不敢大膽向對方表示自己的意思，不敢主動追求異性。

手錶戴在右手外側的人比較喜歡冒險，而且喜歡做出使別人側目相看的舉動來。不喜歡戴手錶的人生性比較大方隨便，有時候缺少一種責任感。不戴手錶的人，有個共同點就是怕麻煩，討

厭受束縛。

個人喜歡的手錶的樣式及材質也能反映出主人性格一二。那些喜歡液晶顯示型手錶的人，在生活中大多比較節儉，知道如何精打細算。他們的思維比較單純，對各種簡捷方便的事物比較熱中，而對於太抽象的概念則難以理解。他們在為人處世方面多持比較認真的態度，不會顯得特別隨便。

戴古典金錶的人，多是具有發展眼光和長遠打算的人，他們絕對不會為了眼前一些既得的利益而放棄一些更有發展前途的事業。他們心思縝密，頭腦靈活，往往有很好的預見力。他們的思想境界比較高，而且非常成熟，凡事看得清楚透澈。他們有寬容力和忍耐力，又很重義氣，能夠與家人、朋友同甘共苦、生死與共。他們有堅強的意志力，從來不會輕易向外界的一些困難和壓力低頭。

喜歡懷錶的人，多對時間具有很好的控制能力，雖然他們每天的生活都是忙忙碌碌的，卻不是時間的奴隸，他們懂得如何在有限的時間裡讓自己放鬆並且尋找到快樂。他們善於把握和控制自己，適應能力非常強，能夠很好地調整自己的心態。他們多有比較強的懷舊心理，樂於蒐集一些過去的東西。他們言談舉止高雅，可以表現出一定的文化修養。他們有比較濃厚的浪漫思想，常會製造一些出人意料的驚喜。他們較有耐心，很看重人與人之間的友情。

喜歡戴上發條的錶的人獨立意識比較強。他們自給自足，很多事情都堅持一定要自己動手。他們樂於做那些可以馬上見到成效的工作，如做一次粗活。他們最看重的是自己所獲得的那種成就感，但在這個過程中，他們又不希望一切都是輕而易舉獲得的，這樣反而沒有了意義和價值。他們並不希望得到他人過多的

關心和寵愛。

戴沒有數字的錶的人抽象化的理念較強。他們大多不希望什麼事情都說得十分明白，他們很在意對一個人智力的鍛鍊和考驗，認為把一切都說得太明白就沒有任何意義了。他們很喜歡玩益智遊戲，而且他們本身就是相當聰明和智慧的，對一切實際的事物似乎並不是特別在乎。

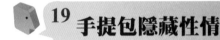

19 手提包隱藏性情

出門帶手提包已經成為了大眾的一個生活習慣，不同的手提包也展示了不同的主人性情。手提包的樣式眾多，人們可以根據自己的喜好進行選擇。一般來說，選擇的手提包比較大眾化的人，他們的性格也比較大眾化，或者是說沒有什麼特別鮮明的、屬於自己的個性。他們在很多時候都是隨波逐流的，大家都這樣選擇，所以他也這樣選擇，沒有自己的看法，目光和思想比較平庸和狹隘。他們的人生或許多少有所收穫，但不會有大的成就和發展。

女性對皮包的喜愛眾所共知，而男性對隨身攜帶的皮包就沒有女性那麼多的要求了。有些重視細節的男性會挑選皮包，但他們的基本要求是，皮包要能展現他們的身分。

選擇的手提包多是公事包的人，可能是某個企業公司的總經理，如果是普通職員，也是在比較有規模的公司。選擇公事包可能是出於工作的一種需要，但在其中多少也能表現此種人的性格特徵。這樣的人大多數辦事較小心和謹慎，他們一般不苟言笑，

即使是有說有笑，對人也會相當嚴厲。當然，他們對自己的要求往往更高。

　　選擇休閒式手提包的人，可以看出他們的工作具有很大的伸縮性，自由活動的空間也非常大。正是由於這樣的條件，再加上先天的性格，這類人大多很懂得享受生活。他們對生活的態度比較隨意，不會過分苛刻地要求自己。他們比較積極和樂觀，也有一定程度的進取心，能很好地安排工作、學習和生活，做到勞逸結合，能在比較輕鬆愜意的環境中把屬於自己的事情做好，並取得一定的成就。

　　選擇暗沉顏色手提包的人，其表現欲望並不是很強烈，他們不希望被人注意，目的是緩解壓力。他們凡事多持得過且過的態度，比較懶散。在對待別人方面，他們也喜歡保持相對中立的立場。

　　喜歡超大型手提包的人，性格多是自由自在、無拘無束的。他們很容易與他人建立某種特殊的關係，但是關係一旦建立以後，也會很容易破裂，這是由他們的性格決定的，因為他們的生活態度太散漫，缺乏必要的責任感。他們自己感覺無所謂，卻不是其他所有人都能接受和容忍的。

　　不習慣帶手提包的人，他們的性格要分幾種情況來說，有可能是因為他們比較懶惰，覺得帶一個手提包是一種負擔，太麻煩了；還有一種可能是他們的自主意識比較強，希望能夠獨立，而手提包會在無形當中造成一些障礙。屬於這兩種情況的人都是把手提包當成一種負擔，可以看出這種人的責任心並不是特別強，他們不希望對任何人、任何事負責任。

　　更多時候，手提包還是人們用來掩飾內心情緒的一個工具，有了這個工具，掩飾情緒的動作就顯得更加隱晦，更加不易被人

手提包隱藏性情。

發現。

每當出現在公眾面前時，安妮公主常常會手捧花束；而在手中拎一個手提包或是握一束花，則是女王伊麗莎白二世最常見的公眾形象之一。尊貴的女王似乎並不需要用手提包來裝諸如唇膏、化妝品、信用卡以及電影票之類隨身的物品吧！事實上，手提包不過是她在必要時用來傳遞資訊的一種方式。在某次外出當中，皇室觀察者就留意到，當她想步行片刻，或是駐足停留，或起身離開，以及想擺脫眼前某個煩人的傢伙時，女王都會透過手提包向隨從發出信號，而這樣的信號前後共計十二次。

由此可見，手提包就像是人的一個不可或缺的部分，它是人的思想的延伸，性格的展示。如果你仔細觀察形形色色的人帶的各式各樣的手提包，你會發現這是一個很有趣味和收穫的事情。

姿勢語言：

坐姿和站姿傳遞的資訊

　　看起來作用偏少的屁股和看起來承載了身體絕大部分重量的雙腿、雙腳結合成了一個很有趣的組合——洩密二人組。沒錯，談到洩密，沒有人比它們更為不謹慎、不小心的了，只要你掌握了一些簡單的觀察技巧，你就可以僅憑那些看起來非常普通、隨意的坐姿和站姿，一眼看穿他人的小心思。

1 誇張的站姿易讓人不適

　　人們在形容一個人的精神狀態非常好時，經常用「坐如鐘，站如松」來形容。顯然，對站姿的要求，最基本的最標準的是要在站著時像松樹一樣挺拔俊秀。

　　小石是一個投資公司的業務員。他的專業知識非常豐富，對客戶的服務也周到而熱情，但業績卻不怎麼理想。小王很苦惱，不知道原因到底是什麼？

　　這天，小石和同事小趙一起去見一位客戶。見面後，不免客套一番，小石先問起客戶的工作情況。當得知客戶是做證券分析員時，小石一拍桌子，站起來說道：「太好了，原來您也是做投資的呀！這可是不錯的行業，聽說最近熱得不得了，排隊開個戶都要兩三天，是嗎？那可真是……」小石手舞足蹈地講完後，同事小趙很明顯地感覺到了客戶的不滿。因為小石的談話真是太富於激情了，幾乎把茶座裡所有的目光都吸引了過來。

　　小石接著對客戶說：「像您這種月收入上萬的白領一族，更有必要為自己做一份投資了……」周圍的人聽到了，全部在議論證券行業原來是個金飯碗。小石也胸有成竹，但沒想到客戶卻臉一沉，打斷了談話：「對不起，我公司還有一個會要開，先失陪了。」客戶憤憤不平地走了，因為他再也忍受不了小石高分貝的音量和誇張的手勢，那根本就不是他們兩個人的談話，而是小石的激情演說，而且他最受不了的就是小石說著說著就站起來，做著誇張的站姿，指著自己的鼻子說話，這讓他感覺自己是在接受審訊。

　　客戶離開後，小石很沮喪，不知道自己在什麼地方出了錯。小趙拍拍他的肩膀：「兄弟，下次再見客戶的時候，能別指指點點，激情四射地像在演講嗎？」

　　當你與別人聊天時，你的站姿，例如，如何移動腳步、如何擠眉弄眼，其實都已洩露了你對對方的潛在態度。因為，人以何種方式站立或坐下，對於了解他的身分或他極力聲稱自己具有的身分來說，是一個不錯的指南。

　　正式的站姿與坐姿要顯示出一種中性的態度，不表達任何或去或留的傾向。在異性間的面談中，女人比男人更常使用這個姿勢，直立緊並的雙腿傳達出「不置可否」的信號。學校的學生在跟老師說話時經常保持立正的姿勢，公司的下級跟上級彙報工作、人們見到王室成員或者雇員跟上司交談時，常採用這個姿勢。

　　並且，當你坐下時，要盡量避免雙腿交叉的姿勢。因為雙腿交叉的姿勢不僅會傳達出消極和戒備的情緒，它還會讓一個人顯得缺乏安全感，並且引發身邊的其他人也相應地做出雙腿交叉的姿勢。

　　習慣於將雙臂和兩腿交叉的人，總是將這個動作歸因於寒冷，而不願意承認自己在動作背後隱藏的緊張、焦慮或是戒備心理。也有很多人說，這麼做只是因為感覺舒服。這種說法或許是真實的——當一個人缺乏安全感、產生戒備心理時，交叉的雙臂和雙腿確實會讓他感覺舒服，因為這樣的動作吻合了他的情緒。但是，在公共場合或是職場中，還是不要用這樣的姿勢。否則，你會讓人感覺很不舒服。

² 抬頭挺胸者通常自視很高

　　走路是我們最常見的肢體動作，它展現的是人類的動態美，也最能展現一個人的風度和活力。無論在社交場合還是在日常生活中，走路同樣有和站姿一樣的基本要求，那就是抬頭、挺胸、收腹。走路時要目光平視，手臂自然擺動，擺手幅度不要太大，手臂與身體的夾角一般在十度～十五度，身體不要前後晃動。

　　走路時抬頭挺胸，大踏步向前，充分顯示自己的氣魄和力量。當然，也會給旁人一種高傲的感覺。這種人凡事都只相信自己，容易主觀臆斷，對於人際交往比較淡漠，經常孤軍奮戰。

　　不過，走路時愛抬頭挺胸的人也有明顯的缺點，表現就是這種人往往愛以自我為中心，淡於人際交往，不輕易投靠和求助於他人，哪怕他碰到自己根本無法解決的事情也是一樣。他們思維敏捷，做事條理分明，考慮問題比較全面。也許不是一件很複雜的事情，但是他們也會時常為自己擬定一份計畫。他們習慣於修整儀容，衣履要整潔，時刻使自己保持著完美的形象。無論是在逛街時還是走親訪友，出門前他們總喜歡在鏡子前端詳一下自己：「頭髮凌亂嗎？」「髮型完整嗎？」「衣服整潔嗎？」「皮鞋光亮嗎？」

　　走路時愛抬頭挺胸的人的最大弱點是羞怯和缺乏堅強的毅力。他們極富組織力和判斷力，可惜他們說得多做得少。經常看到他們有很多宏偉的計畫，卻很難發現他們有成功的事業，加之個性羞澀，難以主動與人交往，時常不能充分發揮自己的能力。於是他們時常有一種「黃金埋土」的感覺。

　　走路時要想給人一種舒服、自然、優雅的感覺，基本的要求

自視清高。

是抬頭、挺胸、收腹。豎看要有直立感，即以鼻子為中線，整個身體大致呈直線；橫看要有開闊感，即肢體及身段給人以舒展的感覺；側看要有垂直感，即從耳與頸相接處至腳的踝骨前側應大致呈直線，給人以一種挺、直、高的美感。

男子走路時身體重心應放在兩腳中間，不要偏左或偏右；雙腳與肩同寬；手可以自然下垂，前後自然擺動，在體前或體後交叉，給人一種風度灑脫、挺拔向上、舒展俊美、精力充沛的感覺；女子走路時，身體重心在兩足中間腳弓前端位置，手自然下垂或在腹前交叉，要給人一種秀雅優美、端莊大方的感覺。

需要注意的是，在正式場合，走路時胳臂不要出現過大幅度前後擺動的情況，適度的前後擺動展現了一個人的自信與精神活力，而過度擺動不僅影響周圍人的行動，也向他人傳遞了一種太過張揚的語言資訊。雙手自然擺在兩側，前後微微擺動，這樣出現在非常嚴肅的社交場合，也是對他人的一種基本尊重。如果沒有那麼嚴肅，可以依據這種姿勢在手腳上進行適當調整，但幅度不應該過大；過大的幅度應極力避免，因為它會給人一種狂傲自大，不適合交往的感覺。

如果覺得自己的走姿不夠標準，你可以採用模特兒初步訓練的方法，在自己的頭頂放一本書，然後挺直後背，雙臂小幅擺動，步履均勻地往前走，等你訓練到頂著一本書能身姿正確地在屋裡自由地走來走去時，你的走姿就算過關了。

總之，走路昂首挺胸的人，大多比較自信，其自尊心也較強，有時則過於自負，好妄自尊大，還可能有清高、孤傲的現象；凡事只相信自己，處處主觀臆斷，對於人際交往較為淡漠，經常是孤軍奮戰；但思維敏捷，做事有條不紊，富有組織能力，能夠成就財富事業和完成既定目標，自始至終都能保持完美形象。

³ 走路不疾不徐的人比較淡定

　　走路不疾不徐的人的姿勢是雙足平放，雙手自然擺動，不會忸怩作態，步態很斯文。這些人通常性格溫順，遇事不驚，有膽小、過度謹慎的傾向，大部分遇事沉著冷靜，不易發怒。偶有一些人缺乏遠大理想，對未來不抱什麼美好希望。

　　這類人認為面對任何困難事情時，最重要的是保持頭腦的清醒，不希望被任何帶有感情色彩的東西左右自己的判斷和分析。在別人面前因有理性和自控能力而受到別人的尊重，他們對此欣然接受，但不露聲色。他們平時做事非常小心，言談舉止都盡量保持溫文儒雅，絕對不願讓別人覺得他粗俗不堪。

　　走起路來不疾不徐，喜歡平靜和一成不變，所以總是原地踏步和維持現狀。以這種姿態走路的女人多屬於賢妻良母型。而這類型的男人非常穩重。為了保持自己的尊嚴，他們很難在人前笑口常開，這是他們的準則。他們對自己的身體形態進行嚴格控制，雖然別人敬畏他們，可是一人獨處時卻感到壓抑。因為這種人涉世極深，了解人情冷暖。

　　這樣的人還非常注重別人對自己的評價，他們為了保持尊嚴，贏得尊重才去做事情，因此這樣的人適合主持行政工作。有地位，有身分，這往往是他們全身心的追求目標。

　　走路不疾不徐的人，一般時間觀念不強，缺乏進取心。他們不僅在走路時表現得慢悠悠，在做其他事情時也是這樣，總是一副不慌不忙的樣子，讓旁人看在眼裡時總想催促他快點，再快點。

　　他們不懂得去爭取時間，因為他們沒有足夠的上進心。他們

總是想：反正不管怎樣，完成任務就行了，並不去想什麼時候能升職，什麼時候能加薪之類的問題。他們十分知足，他們的信條就是：知足者常樂。他們不喜歡忙忙碌碌的生活。看別人奔忙於生活，他們甚至還會不理解，會反問：幹麼把自己弄得那麼辛苦那麼累呢？實際上這是因為他根本就不明白別人心中的目標與追求，正所謂「燕雀安知鴻鵠之志」。

走路不疾不徐的人，做事雖然看上去比較穩，但並不一定做得好。他們只是動作慢，相對於動作快的人可能會少犯點錯誤，但他們並不喜歡動腦子，所以儘管他們做得慢，但一些細節上的問題他們也常常考慮不到。他們通常沒有什麼崇高的理想，沒有什麼遠大的目標，每天得過且過，總之吃飽不餓就行了。所以，當我們碰到這種不急不慢，非常悠閒的人時，基本上可以斷定此人為缺乏進取心的人。

走路總是一副慢騰騰樣子的人，似乎若有所思，又好像前面有陷阱似的。就如人們常說的「生怕踩死螞蟻」的小腳老太太一樣，你無論說得如何急他都不在乎似的。他們屬於典型的現實主義者，為人軟弱，逢事顧慮過多，簡直有點杞人憂天。

走路時彷彿身處沼澤地的他們，大多性格較軟弱，遇事容易知難而退，不喜歡張揚和出風頭；思考再三，否則絕不冒險邁出第一步，結果往往錯失良機。但是，也正是因為他們的性格特點，所以走路舉步緩慢的人交友比較謹慎，但憨直無詭，胸無城府，重感情，只要他認定你是他朋友，對你一定會推心置腹。

另外，他們凡事講求穩重，「三思而後行」，絕少好高騖遠，「癩蛤蟆想吃天鵝肉」的情況絕對不會發生在這種人身上。

如果他們在事業上得到提拔和重視的話，也許並不是他們有什麼「後台」，而是他們那種務實的精神給自己創造了條件。

而且，這類人的觀點是「眼見為實」，因此他們通常不輕易相信別人。不知道這對他們來說算是優點還是缺點，但把他們作為朋友一定會相當不錯，因為他們特別重信義、守承諾。不過要是你屬於經常撒謊的人的話，最好別和他們來往，否則他們會發誓一輩子都會記恨你。

 ## 4 腳踝相扣姿勢的人正在克制情緒

雙腳交叉、腳踝相扣，做出這種姿勢的人通常都有些壓抑，他們會借助腳踝相扣的姿勢克制某種不良情緒。彼此相扣的雙腳往往會悄悄地挪到椅子底下，與此相對應的就是沉默寡言的態度。如果一個人對交談非常投入的話，那麼他的雙腳也一定會自然地伸向前方。

男人和女人的腳踝相扣姿勢有很大區別。當男人在做出腳踝相扣的動作時，雙膝敞開，雙手通常會緊握拳頭並置於膝蓋上，或者是緊緊抓住椅子的扶手，同時還會擺出展示胯部的姿勢。而女人在腳踝相扣時，身體動作略有不同：她們會把雙膝併攏，兩隻腳置於身體同一側，盡量併攏雙膝，減少兩腿之間的縫隙，雙手並排或是交疊著輕輕放在位於上方的那條腿上。

經驗豐富的面試官與銷售員發現，無論男女，當談話對象腳踝相扣時，他的內心便產生了「緊咬雙唇」的潛意識。這個動作顯示出他正在努力抑制某種消極情緒，也許是缺乏把握或者是恐慌害怕。

調查證明，在法庭上，那些等待法庭宣判的被告做出腳踝相

扣這一動作的機率是原告的三倍，因為將緊扣的雙腳放在椅子底下，有助於他們控制自己的情緒。另一項針對三百多位牙科患者展開的調查顯示，接近百分之九十的人一坐上牙科診療椅，就會做出腳踝相扣的動作。如果只是進行常規的牙齒檢查，那麼只有近百分之七十的人會腳踝相扣；但只要是接受牙醫的注射，幾乎百分之百的人都會緊扣腳踝。

跟牙醫相比，還是稅務員更能讓人做出腳踝相扣的動作。調查結果顯示，大部分遭到傳喚的人在開始接受訊問的時候，都會做出腳踝相扣的動作。但是做出這一動作的動機更多的是出於害怕，而不是因為羞愧。

大部分應聘者在面試的過程中，都曾經做出過腳踝相扣的動作。這就說明，當做出這一動作時，他們正在盡力抑制自己的某種情緒或是態度。如果某位政要在政治談判中做出腳踝相扣的動作，那往往意味著他已經有了要進行重大讓步的打算，但仍然在竭力克制自己做出這一決定。有人指出，這個時候只要掌握恰當的提問技巧，很可能就會誘導這位政要鬆開自己的腳踝，並最終做出讓步。

有一個男人有一份並不令人羨慕的工作——負責追討客戶債務。他給很多客戶打電話，儘管他的聲音顯得很放鬆，但我們發現，他的腳踝始終緊緊相扣，並且放在椅子底下；不過，只要是和同事談話，他就不會做出這樣的動作。

當有人問他是否喜歡這份工作時，他立刻回答：「非常喜歡！這份工作很有意思。」雖然他的表情和語氣都很令人信服，可是這樣的回答實在與他的身體語言相互矛盾。

於是提問人再次詢問相同的問題，結果這個男人沉默了一會兒，鬆開了腳踝，手掌也舒展開來，然後答道：「哦，實際上，

我都快要被逼瘋了！」他開始抱怨，每天自己都要接到很多客戶打來的電話，有的客戶非常粗魯，還有的十分兇悍，所以他必須不斷練習控制自己的情緒，以免讓客戶察覺自己的不滿。

除了這個男人以外，那些不喜歡透過電話與客戶交流的銷售員，大都習慣於保持腳踝相扣的坐姿。恰當的提問技巧能夠有效地（成功率為百分之四十二）讓交談對象鬆開自己的腳踝，並恢復自然放鬆的狀態。除此之外，如果會見者走到交談對象的身邊，並在一旁的椅子上坐下來，也會讓交談對象感到放鬆，因為在互相交流的兩個人之間沒有了桌子這一屏障。於是，隨著情緒的平復，交談對象的腳踝就會鬆開，整個談話的氣氛也會變得更加開放和親切。

如果一個人在做出腳踝相扣坐姿的同時，還用一隻手甚至雙手抓住處於上方的那條腿，那就表示他不只是在有意克制自己的情緒，同時還隱藏了一種爭勝的態度。用手固定住這種姿勢，表明這個人是一個特別有主見而且相當頑固的人，他不會認同任何人的觀點，只會相信自己。

5 兩腿相纏的姿勢較容易害羞

一般來說，容易害羞和膽小的人經常會做出兩腿相纏的姿勢，或者可以說，這個動作基本上專屬於女性，有時，它也屬於那些善於彎曲身體、擅長雜技柔術的演員。

兩腿相纏，具體就是將一條腳的腳尖緊貼在另一條腿上。身體的重量傾向於放在一條腿上，這時人的整個身體都會呈現一種

緊縮狀態，做出這個姿勢的人不管上半身表現得多麼輕鬆隨意，這種緊縮的狀態都完完全全地曝露了本人的不安全感。

　　不知不覺中，小路成了一名剩女，在事業的大道上未見有多好的發展，眼見自己的青春年華漸漸老去，夫婿卻仍在尋覓中。小路開始著急了，幾番努力之後，她成功地在一個名聲響噹噹的交友網站上認識了一位不錯的男士。

　　兩個人在網上談話談得很投機，於是很快定下了見面的時間。可是，和男士一見面，坐在桌子後面的小路突然緊張起來，這可是她的第一次相親，她不知道自己該怎麼表現才不會把這個機會錯失掉，原本火辣開朗的她一下子局促起來，不經意間，她右腳的腳尖緊緊貼在了左腿上，不由自主地來回摩擦。看著似乎受驚的小路，初次見面的男士不禁也緊張起來，他手掌來回摩擦，努力找話題緩和氣氛。

　　此時的小路可以說就像膽小的烏龜一樣，恐怕也希望自己能夠躲進厚厚的殼裡，逃避這一時的尷尬和不安。兩腿相纏的姿勢明顯曝露了她的害羞，如果這位男士希望小路能脫去這緊張堅硬的外殼，那就得採用溫暖、友好和輕柔的方式慢慢接近她。

　　由於男性腿部和髖部的骨骼構造和女性不同，所以很難擺出這種坐姿。正因如此，緊張的男士不經意間使用了雙手摩擦這個動作來緩解自己的尷尬。

　　在舉止禮儀課和模特兒培訓課上，培訓老師都會傳授一種將兩腿交叉而小腿保持平行的坐姿，這樣的姿勢會使腿部看起來更加健康和年輕，極具性感魅力，因而會顯得無比吸引男人，這一坐姿還曾被眾多男性評選為最鍾愛的女性坐姿。

　　有的女性在跟心儀的男性相處時，總是頻繁地交叉和鬆開兩

兩腿相纏的姿勢較容易害羞。

腿。雖然她們在兩腿交叉時也會保持小腿平行的坐姿，但這樣的做法可不能與小腿保持平行的端莊坐姿混為一談，所以女性這樣做只是為了將男人的注意力吸引到自己的腿上。

在社交場合，讓交叉的雙腿展現自己美麗的腿型是無可厚非的，但千萬不要在商務場合中這樣做。因為腿部會告訴別人你想要去哪裡，以及對他人的好惡。

如果你是女性，除非你穿著的是A字型連衣裙，或是下沿至少長過膝蓋的裙子，否則不要使用這樣的姿勢。要知道，女性露出大腿幾乎會讓所有的男人心神不寧。

這樣的後果就是，這些商務人士會在聽你說話時心不在焉。他們也許會記住你是誰，但很可能不記得你到底說了些什麼？

如果你是一位男性，而且經常有機會與商界中的女性打交道，那麼同樣有一條準則要送給你——常常要提醒自己保持膝蓋併攏的姿勢，否則會很失禮。

6 雙臂擺動幅度很大的人很純真

年輕人走路容易蹦蹦跳跳，雙臂擺動的幅度較大，有時甚至像急行軍一樣。這大多應該歸因於年輕人輕快的步伐以及良好的肌肉柔韌性。然而，一般來說，雙臂擺動幅度較大的人，通常都比較純真。

雙臂擺動幅度大，走路連蹦帶跳的人，通常都是開朗熱情的人，他們對待他人熱情誠懇，做事磊落坦蕩，即使是女性也有一股俠義之氣。跟他們做朋友，可以感受到他們的真性情，在交流

與溝通上不會感到有障礙。所以，很多人都喜歡與他們這種性格的人在一起談心、聊天，因此他們的人緣也比較不錯。

雙臂擺動幅度大，而且走路一蹦三跳的人，一般都很純真，有時會有點小孩子脾氣。這類人無論年紀多大，總會保留著一些小孩子的特徵。他們時而任性、時而率真、時而瘋狂、時而憂傷，通常有什麼心事都會流露於外表，不會隱藏自己的心思。

這類人也很喜歡表現自己，常常希望別人對自己有更多的關注，希望自己成為朋友圈子裡明星式的人物。不過當他們耍小孩子脾氣時，也不好伺候，他們可能會任性地大哭大鬧，不分場合，也不會想太多的應該或不應該、可以或不可以之類的問題，而是什麼都隨著性子來，情緒來了誰也擋不住。

相對於男性，女人走路時，手臂向後擺動幅度更大，因為女人的肘部向外彎曲的能力強，這一特點讓她們在背孩子時能更穩地托住孩子。

手臂是人身體力量的象徵。強壯的手臂往往讓人感覺很有安全感，女性喜歡擁有長而健壯手臂的男人，因為這不僅會讓女人感覺安全踏實，關鍵是看起來很健康。擁有瘦小手臂的人讓人感覺沒有力量，如果一個人走路時手臂有氣無力，也很容易讓人覺得病懨懨、無精打采。

總而言之，當我們揮動雙臂時，不僅是力量的展示，也是一個人精神狀態的寫照。如果想讓自己看起來更加年輕、精神，不妨向這些純真的人學習學習，下次走路時把雙臂擺動起來，把身體內的能量一起揮舞出來。

7 坐姿豪爽、不拘小節的人帶有威嚇與冷漠

　　一個人的精神狀態如何，內在素養怎樣，完全可以透過他的坐姿看出來。正確的坐姿可以給人端莊穩重的感覺；大大咧咧的坐姿會給人比較隨意或者帶有威嚇與冷漠的感覺。隨意的、沒有分寸的坐姿，在社交場合應該極力避免。

　　「大大咧咧」的坐姿就是雙腿敞開，盡量多占空間。如果一個人想占主導地位，那可以試試這種坐姿，盡可能地張開你的雙臂和雙腿，能伸多遠就伸多遠，甚至可以將腳放到公共區域。採取這種姿勢的人就像動物為了威嚇敵人、占領地盤而擴展身體一樣，心理上也有這種威嚇別人的傾向。他們覺得這樣就可以多占些空間，並且讓別人敢怒不敢言。

　　從某種角度來說，一個不分場合、總喜歡張開兩腿坐著的男人，很可能是從小被嬌寵慣了。自以為比他人優越、自高自大的性格，遲早會給他帶來麻煩。不同體態的人，坐姿也不盡相同。有一些人坐穩後兩腿張開、姿態懶散。一般來說，這些人通常都是比較胖的人，由於腿部的肉過多，行走不便，所以採取這種慵懶的坐姿。

　　當別人請你坐下時，你應當走到座位前，轉身後輕輕地坐下。需要注意的是，假如你是女士，身著裙裝，在坐下前要先將裙擺捋一下，以免將裙子坐皺。

　　這種盡可能把雙腿分開的姿勢是一個純屬男性專用的姿勢，在動物界，也有這種傾向，當雄性黑猩猩試圖在猩群中間建立自己的權威時，也會做出這個姿勢。牠們全都把雙腿大大地分開，誰占據的面積最大，誰就被視為是最有支配權的首領。這樣的較

量方式可以讓猩群免受肉搏的傷痛。同樣，男人在做這個姿勢時
也是為了爭取地位。儘管大部分男人都沒有意識到這一點，但是
雙腿分開的姿勢的確傳達出了權力與地位的訊息。

如果一個男人分開自己的雙腿，那麼其他男人為了維持自己
的原有地位，也會紛紛效仿這一姿勢。但是，如果男人在女人面
前做這個動作，那將會產生非常不好的影響，在商務場合更是如
此，因為女人不可能模仿這一姿勢。如果一個男人在商務場合做
出雙腿分開的姿勢，他身旁的女人就會產生遭受脅迫的感覺。

不拘禮節、無動於衷和漠不關心的狀態，在商務會議中一定
要避免，必需要保持雙腿併攏的姿勢。如果對方是一位女士，且
經常遭遇這種熱中展示胯部的男人，只要她不產生防禦心理，男
人展示胯部的姿勢也就隨之變得毫無意義。把腿放在椅子的扶手
上這同樣是一個相當男性化的姿勢，因為在這個姿勢中，雙腿也
是分開的。這個姿勢不僅強調了男人對這把椅子的所有權，而且
還傳達出一種不拘禮節和挑釁的態度。

當兩個男人在一起談笑風生時，把腿放在椅子扶手上可以算
是無傷大雅的動作。但是，如果是在其他的場合，這個動作會產
生什麼不同的影響呢？

有一位員工因某個私人問題十分苦惱，想去向自己的上司討
教。這位員工坐在椅子上敘述來龍去脈，他身體前傾，雙手放在
膝蓋上，低著頭，語調沮喪，聲音低沉。他的上司起初是靜靜地
坐著，認真傾聽，而後卻把後背靠在椅背上，抬起一條腿擱在扶
手上。這樣的身體姿勢變化表現出這位上司的態度明顯轉向無動
於衷或是漠不關心。

如果在商務談判中，遇到這種把腿放在椅子扶手上的人，那
可真是一件相當煩人的事情。這個時候首先需要解決的，就是設

坐姿豪爽、不拘小節的人帶有威嚇與冷漠。

法讓這個人改變自己的坐姿，因為只要他一直保持這種坐姿，他內心漠不關心或是挑釁的態度就無法驅散。一個簡單易行的方法是請他往前面坐一點，拿出一些資料給他看。

坐姿反映一個人的修養和他的精神狀態。坐著時，我們的上身應正直而稍向前傾，頭平正，兩手交疊放在自己腿上，男性可將雙膝自然分開與肩同寬，女性則應雙膝併攏。

需要注意的是，即使是坐著非常舒服的沙發或靠椅，我們也不應該將後背靠在椅背上，這樣一方面會顯得你過於放鬆、沒有禮貌；另一方面，背靠沙發會給對方留下傲慢的印象，不利於你們的進一步交流。

在與人交談時，我們應該將身體微微前傾，雙膝自然併攏，雙腿正放或者側放。特別是在傾聽別人說話時，這樣的動作會讓對方覺得你正在認真傾聽，而且也顯示出你是一個易於接近的人。一般情況下，不要蹺二郎腿，這是不禮貌的表現；也不要抖動腿部，這會讓人感覺你非常緊張或者心煩意亂。

8 剪刀姿勢站立的人希望自己隱形

如果有人喜歡雙腿交叉，一隻腳別在小腿後站立，那麼你還是盡量少去打擾他，因為他這樣是在暗自希望沒人會注意到自己，起碼是盡可能做到。

採取這種站姿的人多數很古板，也很膽小，有時會顯得很乏味無聊。因為這種姿勢的潛台詞是「我不打算走開」。取剪刀姿勢站立的人通常腳尖會有一定的朝向，比如多數朝向門外的位

置，那表示他們隨時都想離開。

在人類的進化過程中，腿部動作主要服務於兩種目的：一是向前走以獲得食物，二是在遇到危險時逃跑。

由於人類的大腦直接關聯著這兩種基本目的：走向自己想要的東西和遠離自己討厭的東西，所以人們的雙腿和腳部能夠顯示他們內心的動向。換句話說，透過觀察別人的腿部，你就能知道對方到底願不願意跟你繼續交談。

如果你觀察得更仔細一點，你還能發現，這些人會跟其他與會者保持較遠的距離，比人們慣常的普通社交距離要遠得多。採取這種剪刀站姿的人多數都自成一個世界，對周圍的人採取一種你不來我不歡迎的狀態，如果你和這些人交談，會發現他們跟其他的與會者互不熟悉。剪刀站姿展現出保守、戒備的態度，因為這種姿勢象徵著拒絕任何人接近自己。

有些人坐著的時候也喜歡這種剪刀姿勢，一腿藏在另一腿後面，雙腿併攏，雙手交叉於或者直接插於大腿中間。這類人通常比較古板，性情自我、固執，不願輕易接受別人的意見，即便知道別人說的是對的，仍就固執地堅持自己的觀點，不肯低下自己的腦袋。

這類人還有一個特點，就是有些完美主義傾向，因此做的都是一些可望而不可即的事情。做事缺乏耐心，哪怕只是短短十分鐘的會議，他們也會顯得極度厭煩。所以，在現實中，他們經常遭遇挫折和失敗。

⁹把自己扔到座位上的人有些局促

一個人坐在椅子上的姿勢行為，會因人不同而產生各式各樣的坐法，有的是把全身猛然扔出似的坐下，有的則慢慢坐下，也有的則小心翼翼地坐在椅子前部，還有的將身體深深沉下似的坐下。其中猛然間像仍出去似的坐下的人，大多是在隱藏內心的不安。

不管面對的是初識者還是熟人，猛然摔坐在椅子上的人，表面上似乎是一副不拘小節的樣子，其實他的心理狀態和表面上的情況恰恰相反。這種看上去極端隨意的態度後面，深深地隱藏著他內心的極度不安。這種坐態，出自不願被對方識破自己真正心情的抑制心理。尤其是面對初次相識的人，這一心理更加強烈。採用此種坐態的人，在他坐下來以後，往往會表現出心緒不安、不時地移動屁股或心不在焉的神態，由此便可看出他的真正心緒。當然，如果是知心朋友或者親屬之間，則不能一概而論，可視為與其態度一致的心情表現。

一般來說，對於那種舒適地深陷在座位中的人，他的坐姿是在向他人表示自己的心理優勢。坐的姿勢，是人類活動中的不自然狀態，坐著的人必然在潛意識中存在著可以立即站起來的心理。這在心理學上，被稱為「覺醒水準」的高度狀態。隨著緊張情緒的解除，該「覺醒水準」也會隨之降低。於是，人的腰部逐漸向後挪動，變成身體靠在椅背、兩腳向前伸出的姿態。採用這種坐姿的人，很難一下子就從座位上站起來，這說明，他認為面對他人不必過分緊張，也不必擔憂對方會侵犯自己。他有充分的信心來駕馭對方。所以深陷在座位中的坐姿，即向人發出了「優

越」的信號。總之，深坐的人潛意識中希望自己居高臨下，有一種強烈的控制欲；而淺坐的人，潛意識中會表現出一種服從對方的心理來。

相反，那些淺坐在椅子上的人，即只坐半個屁股的人，乃無意識地表現出自己居於心理劣勢，而且缺乏精神上的安全感。在對方面前，他處於從屬的地位。但也有這種情況，他的屁股淺淺地坐在椅子的邊緣，手肘擱在大腿上，雙手鬆弛地懸垂著。採用這種坐姿的人，表現出一種好奇心，對正在談的問題很有興趣。

由此可以知道，那些將自己猛然扔出似的坐下的人，一定是心裡隱藏著什麼事情，因此在坐的時候才會如此侷促不安。

10 立正姿勢顯示自信

標準的立正姿勢是：兩腳跟靠攏並齊，兩腳尖向外分開約六十度；兩腿挺直；小腹微收，自然挺胸；這個姿勢最常見於站軍姿。

這個站立姿勢的要求較高，立正時要求上半身挺直，肩膀放平，微向後張，因為這樣的站姿能把整個身體都調動起來，使人看起來非常有精神。這也是為什麼普通人和軍人站在一起時，總是軍人顯得更加威武、挺拔的原因之一。

立正的姿勢是為了凸顯男人的雄性氣概，研究顯示，缺乏自信的人們經常會使用雙腿交叉的姿勢。而自信的人更多採用的是立正的姿勢。這種身體姿態從封閉轉向開放的過程，緣於人們逐漸了解了周圍的同伴，在感覺更加自在以後，逐步對周圍的夥伴

開放了自己的領地。那些充滿戒備意味的雙臂或雙腿互相交叉的姿勢，會自然而然地隨著警戒的解除逐漸轉向開放自然的姿勢。

當兩個人之間的交談變得比較愉快，相互間建立起了和諧親善的關係時，最先發生變化的就是腿部動作。他們不再保持兩腿交叉的姿勢，而是兩腳併攏，形成立正的站姿。接著，交叉的雙臂中處於上方的那隻手臂會伸出來，而且在說話的時候手掌還會做出一些手勢。儘管這隻伸出的手臂還沒有完全放開，但已經不再是阻擋對方的屏障，此時它不過作為另一隻手的支撐，使整個上半身呈現單臂遮擋於前胸的姿勢。漸漸地，雙臂都放鬆下來，一隻手做著手勢，或是置於臀部，也可能是插在褲子口袋裡。最後，彼此熟知的兩個人都採取稍息的站姿，雙臂自然舒展，顯示出樂於接受對方的態度。

一般來說，在一個人的形象中，站姿占有很重要的地位。因為當你面對別人的時候，首先映入別人眼簾的就是你的站姿。有的人的站姿是抬頭、挺胸、收腹，兩腿分開直立，兩腳呈正步，像一棵松樹般挺拔。這種人是健康自信的人，因為自信，所以這種人做事雷厲風行，很有魄力。這種男人有正直感、責任感，是大多數女孩子追求的對象。而有的人站立時彎彎曲曲，頭部下垂，胸不挺，眼不平。他們缺乏自信，做事畏縮不前，不敢承擔風險和責任。

一個人如果站立時彎腰曲背，或略呈佝僂狀，則屬於封閉型立姿，表現出自我防衛、封閉、消沉的心理傾向。與上述站姿的人相比，精神氣質上總處於劣勢，同時還反映了他惶惑不安或自我抑制的心情。

除此之外，這種人很可能就是那種專做偷雞摸狗之事的人，因為做賊心虛，惟恐他人透過眼睛發現自己的所作所為，所以，

他的頭抬不起，胸也不敢挺起來。還有一類人，那就是長期因疾病服藥的人。當然，這類人大家都可以理解，不是他們不想挺直腰桿做人，而是因為惡疾纏身。

因此，任何時候我們都要「站有站相」。這個標準的立正姿勢，會讓我們在任何場合顯得自信滿滿。

11 手插在口袋裡站立的人喜歡挑戰

一般來說，那些習慣將雙手半插於口袋中的人，都是心思細膩、比較有激情、有朝氣的年輕人。

這類人做什麼事情都帶著一股激情，帶著一股幹勁，他們往往不滿足於死板教條的工作，不滿足於恪守陳規，不滿足於機械式的工作，他們大多喜歡挑戰，喜歡難度越來越高的工作。

越是有難度的，有挑戰性的工作，越能激發他們的熱情與幹勁。每次他們完成了這個更高難度的任務時，心中都會升起一股強烈的自豪感和榮譽感，這種感覺會激勵他們去追求更高的難度、更大的挑戰。

習慣將雙手半插於口袋的人還有比較強烈的進取精神，他們不喜歡自己沒有進步，不喜歡原地踏步的生活，所以他們常常會主動尋求能讓自己不斷提高的工作，會喜歡迎接新的挑戰。對於他們來說，有挑戰的生活才是有樂趣的，如果沒有了挑戰，他們在工作的時候則會顯得意興索然，沒有精神，即使圓滿地完成了工作，他們的心裡也沒有絲毫的愉快和欣慰可言。

在為人處世上，這種人也喜歡結交那些比自己能力高的朋

友，倒不是為人勢利，而是希望從這些比他們能力高的人身上學到東西，從而提高自己。

所以，當我們看到有人常常將雙手半插於口袋時，我們便可大致斷定此人十之八九是個很有進取心、喜歡迎接挑戰的人。

如果你正在跟上司談話，當上司聽得不耐煩時，他常常會把手插在口袋裡站立，甚至還會在屋裡踱來踱去；而如果他是一個在自然站立狀態下喜歡雙手插口袋的人，那麼他在做事的時候則喜歡三思而後行。

另外，站立時喜歡把手放在口袋裡的人說明想要隱藏一些東西，是為了不讓對方看破自己內心的警戒心理的表現，也是不信任對方的表現。也許他們是一邊面露微笑地傾聽，一邊卻將插入口袋中的手握緊，一副準備攻擊的架勢。當然，此種動作也可視為企圖擴大勢力範圍的職業性姿態。不論是何意，手插入口袋而傾聽對方說話的人，可以說是不僅不同意對方，並且有不想與對方確立親密關係的意思。

在某一個晚會上，有很多人在聊天，可是總有那麼幾個人站在牆角邊，背靠著牆，雙手插在口袋裡，靜靜地看著熱鬧的晚會現場；或者坐在燈光較暗的地方，後背靠著椅背，嘴裡叼著一支煙，雙手插在口袋裡看著其他人。

這種姿勢一般出現在非正式場合，而且做這個姿勢的人通常表示對他人的無禮，好像在暗示：我根本不想跟你說話。在某些正式場合出現這樣的情況，也說明對方非常強勢，而且缺乏涵養。這時，如果你跟對方交談或者向對方請教問題，你會發現對方不想跟你說話，即使迫不得已回答了也是敷衍了事。其實將雙手置於口袋之中的姿勢已經告訴我們：我此刻不想跟任何人說話。

　　在一些銷售的培訓課上，老師會告訴推銷員，當顧客雙手插在口袋裡看商品時，他此刻並沒有購買的打算，只是抱著看一看的心態，而且他也不希望推銷員過於熱情地向他推銷，過於熱情地進行介紹反而會煩擾他。這時，推銷員最好先詢問對方想要一個什麼樣的產品，在弄清對方需求後再進行推銷，如果顧客只是說看看，那麼就告訴對方：「您需要的時候請隨時叫我。」

　　有研究顯示，當一個人在撒謊時，他總是習慣性地將雙手插在口袋或者將雙手背在身後，以使自己的雙手逃脫對方的視線。如果對方在交談過程中一直處於手插口袋的狀態，或者不時會有抓撓脖子的動作，那麼他很可能在撒謊，此時隱藏雙手可以使他比較鎮定；如果對方雙手插口袋站在人群外，臉上的表情很冷漠，那麼他很可能只是不想被捲入到談話情境中去。

　　自然站立時喜歡雙手插口袋的人，性格通常謹小慎微，凡事三思而後行。如果讓他們決定一件事，不如你先給他們一份計畫。在工作中他們最缺乏靈活性，往往用呆板的辦法去解決很多問題。他們對突如其來的失敗或打擊心理承受能力差，在逆境中更多的是垂頭喪氣、怨天尤人。他們城府較深，不肯輕易向人表露心跡，而且性格偏於保守、內向，凡事步步為營，警覺性極高，不肯輕信別人。

　　假如我們養成將雙手曝露於別人視線之下的習慣，會慢慢養成坦誠面對別人的習慣。如果你希望自己的性格有所改變，不妨試試經常把雙手拿出來。

手插在口袋裡的人喜歡挑戰。

12「4字腿」型坐姿富有挑戰意識

　　「4字腿」又叫歐美腿，它和中國人的正襟危坐有明顯區別。中國人傳統的坐法是上身與大腿、大腿與小腿之間分別成直角，腰桿挺直，膝蓋收緊。歐美人卻並不習慣「正襟危坐」，他們喜歡將一隻腳的腳踝壓在另一條大腿上，看起來就像阿拉伯數字「4」一樣，所以這種架腿法就被稱之為「4字腿」。習慣坐成「4字腿」姿勢並抱緊雙臂，把自己置於一個封閉的空間的人不太容易向他人敞開胸懷。抱臂而坐時手臂的肌肉鼓起，力量全都集中在臂膀上，因此抱臂而坐的人通常會看起來有對外界排斥的感覺，同時又很強勢。換句話說，抱臂而坐的人往往都有很強的挑戰意識。

　　有一位知名銷售員將在大會上發言。當這位銷售員走向講台時，其他人都相應地做出了雙腿和雙臂交叉的戒備姿勢，表現出他們對這位銷售員的發言懷有擔憂和害怕的情緒。同事的這種反應的確不無道理，這位銷售員怒斥經理管理能力低下，並認為這就是公司員工管理中存在的最大問題。在這位銷售員發言的過程中，聽眾席的大部分銷售員不是身體前傾，表現出相當有興趣，就是就做出思考的手勢；但是經理則始終保持著戒備的身體姿態。

　　接下來，這位銷售員論述，在他看來，相對於銷售員而言，銷售經理到底應該扮演怎樣的角色。這個時候，就像交響樂團的樂手接到樂團指揮發出的指令一樣，大部分男性經理立刻改變了坐姿，仍然緊抱雙臂，並做出「4字腿」的姿勢。這就意味著他們都在內心裡對這位銷售員的觀點提出反駁。之後的事實驗證了

「4字腿」型坐姿富有挑戰意識。

這一點，很多經理稍後的確提出了反對意見。有一些經理儘管不同意這位銷售員的看法，卻並沒有改變坐姿。不過，經過進一步了解後，我們發現，這大多是由於經理身體條件或者疾病所限，而無法做出「4字腿」的姿勢，例如身材過於肥胖、腿部有傷或者患有關節炎等。

在面對一個身體處於戒備姿勢的人時，如果你想要說服他同意你的觀點，那麼你最好先試著讓他改變自己的身體姿勢，然後再進行勸說。你可以拿出一些資料讓他看看，邀請他坐到你的身邊，或者麻煩他幫你做一點小事，替你拿點東西等等。這樣，他的身體姿勢就會改變。另外，給他遞上一杯茶或者咖啡也能產生不錯的效果，因為人們很難在端著杯子的時候讓雙臂或者雙腿互相交叉，除非他不怕燙到自己。

「4字腿」也是展示胯部這一姿勢的坐姿版本，一般來說，美國男人經常使用這種坐姿；另一些受美式文化影響較大的國家，例如新加坡、日本和菲律賓的年輕人，也喜歡採用這種坐姿，這種姿勢所表現的是爭辯或者爭勝的態度。在所有的靈長類動物中，雄性在作為勝利者時，最喜歡採用這種姿勢展示自己的雄性資本。在澳大利亞和紐西蘭等國家，人們既會使用歐洲版的雙腿交叉坐姿，也會使用美國版的「4字腿」坐姿。在第二次世界大戰期間，納粹黨特別關注人們的坐姿，一旦發現有人擺出「4字腿」的姿勢，他們就能立刻判斷出這個人肯定不是德國人，或者他曾經在美國生活過。

如今，這個坐姿已經廣泛存在於多種文化背景裡，如俄羅斯、日本、馬爾他等，這些地方的年輕人深受美國電影和電視節目的影響，漸漸地便開始模仿螢幕上的美式坐姿。男人在擺出這種坐姿時，不僅能展現自己的自信和支配地位，同時也能顯得放

鬆和年輕。可是，在中東和亞洲的某些地區，「4字腿」的坐姿
卻被視為對他人的一種侮辱，因為這種姿勢會將鞋底展示在眾人
眼前，而人們在行走的時候難免會讓鞋底沾上汙垢。

　　人們有時會在穿著長褲或牛仔褲時，做出「4字腿」坐姿，
但這通常發生在女人之間的聚會中。女人很少會在男人面前做出
這樣的姿勢，因為她們不想表現得過於男性化，或者是不想讓男
人誤認為自己在進行性引誘。

　　另外，還有研究顯示，大部分人在做出重大決定時，都喜歡
保持雙腳踩在地面的姿勢，所以當別人的坐姿是「4字腿」時，
最好不要立刻要求他做出決定。

13 習慣坐在老闆座位的人有控制欲

　　在職場和商場，座位排序是一門學問。開會用餐，很多人都
會選擇自己習慣或喜歡的座位，有人喜歡坐在眾人之前，受人矚
目，有人可能喜歡角落，把自己藏起來。從座位的選擇上我們也
能看出人的性格。

　　通常來說，一個團體坐席中正中間的座位是最佳位置。當
別人說話的時候，坐在正中間位置的人可以一邊觀察一邊靠著後
面，可以同時看到兩側的參與者。同時他幾乎不會處於對立的位
置，無論是這一邊還是那一邊。因此，這個座位被稱為「老闆
位」。

　　喜歡和習慣坐在老闆位的人都很有控制欲，這種類型的人喜
歡掌握大局的感覺，他們尤其喜歡自己講話時被眾人仰慕，成為

話題焦點的情景。

　　坐在老闆位置的人更容易引起話題，也更容易和更多的人有更緊密的聯繫。他的左邊、右邊、對面都有人可以討論。正因為處於「左右逢源」的位置，因此這個位置占據了天時地利人和：既能成為焦點，掌控全域，又不會和他人產生距離感。

　　坐在老闆位置上的人，身體上的前後移動在每次談話中也會產生積極的作用。因為這構成了一個人在發言和傾聽角色之間的相互轉換，這對其他座位上的人來說也是一個很好的談話技巧。無論我們和一個人還是和幾個人坐在一起，原則上我們都要求自己單獨坐一個座位。談話時，我們應該注意隨時給對方一些信號，以表明自己的注意力在對方身上，比如透過抬一下眉毛、點頭表示同意以及其他一些小動作，這些對每一次對話都很重要。

　　老闆位置旁邊的位置也很重要，它很容易引起老闆的注意，同時又會使坐在那裡的人與老闆的親近之舉很自然隨意。常坐在老闆位置旁邊的人有更多機會表現自己。

　　通常，在每週的例會上，大家都習慣聚集著往後面的座位擠，離老闆座位越遠越好。這天小李來晚了，後排的座位自然是沒有了，前排只剩下老闆旁邊的兩個空座——這可是座位的大忌，沒有人願意坐在老闆身邊，等著被檢視。小李環顧四周，實在沒有其他的座位，他只好訕訕地跟正在給大家倒水的服務生說，「幫我找把椅子。」此時，會議室已經安靜了下來，小李聲音雖然不大，卻被老闆聽見了，他側轉身子，朝小李揮了揮手，指著自己身邊的空位說：「這邊坐。」眼見會議就要開始了，小李不得不硬著頭皮坐到了老闆旁邊的空座上。

　　從會議開始到會議結束，小李一直坐立不安，渾身彆扭。

往常開會，他總是坐在後排的椅子上，那是老闆看不到的自由空間，想聽就聽，不想聽就看報紙、發簡訊、玩手機遊戲，還可以打瞌睡，可是這回，他不僅失去了自由，而且還得挺胸抬頭地坐著，裝模作樣地做筆記。這還不算完，老闆時不時地要徵求一下員工的意見，於是，作為離老闆最近的員工，小李被詢問了數次，就算是再無話可說，也總得說句「是」吧！就這樣，小李低眉順眼地在老闆旁邊的座位上熬了整整兩個小時，恨不得會議快點結束，逃離那個可怕的位置。

會議終於結束了，小李像火箭一樣「嗖」地站起來直奔自己的辦公桌，好好地把繃了兩個小時的身體伸展開，這才感覺鬆弛了下來。

週四又是例會，小李磨磨蹭蹭，想延遲去，等別人把老闆一邊的座位解決掉，而老闆另一邊的座位從來都是部門主任的專座。可是沒想到，主任竟然又沒有出現。這下可糟了，後排座位早就被占滿了，小李只好硬著頭皮又坐到了老闆的旁邊。離開會時間還有幾分鐘，老闆饒有興趣地問道：「你叫什麼名字？」

「我叫李剛，業務部的。」老闆點頭：「你最近接了什麼單子？」說到工作小李可有話題了，他立刻興奮地把最近剛接到的一筆單子來了個詳細的彙報。把老闆說得心花怒放，過了不久，就在眾人羨慕的眼神裡得到了一個外派學習的機會。

可見，座位的選擇很重要。坐老闆身邊的空位是一個自我提升的絕佳途徑，和老闆隨意的聊天和難得的交流，容易讓對方認識自己，獲得認可和提拔的機會。

14　腳尖告訴你真實想法

　　腳尖的指向不但表示此人想去的方向，同時也可能表示對所指向的人感興趣。

　　有幾個朋友一起結伴到餐廳吃飯，她們圍坐在一張桌子旁邊。從桌子上方看，她們互相之間都有著融洽和諧的關係。而從桌子下方看，則有了不同的場景。另外幾個人的腳尖都朝向了其中的一個人，由此也可以看出，這個人才是這群人中間的主角。

　　如果你仔細觀察那些正在面對面進行交談的人，你會發現，也許表面上看起來其中一方正在發表講話，另一方正在興致勃勃地傾聽，但是這時如果你仔細觀察談話者腳尖的指向，便會發現一個有趣的現象：那就是在談話的一方對著另一方講話的同時，腳尖也指向著對方，這種動作表示他對對方很感興趣，正在盡力發表令對方感到愉悅的講話。如果對方懂得這種無聲語言傳遞的資訊，意識到並也注意到了對方的腳尖指向，如果沒有其他因素的摻雜，他會不自覺地將自己的腳尖指向對方，表示自己的好感。

　　通常，我們很容易忽略腳尖的指向。似乎腳在地上的擺放位置只是一種自然的習慣，沒有太多的深意，所以腳尖朝向也就不值得探討。

　　實際上，當我們的上身在自身潛意識的作用下發生偏移的時候，我們的下肢也會跟隨著移動，而腳尖也就朝向了我們最感興趣的人或事物。腳尖的動作雖然很小，卻能揭示出一個人內心深處的想法。因為在對方能注意到的地方，我們對自己的一舉一動也會更加留意，這種關注會讓我們有時候刻意改變自己的身體語

言，避免自己的內心世界輕易被別人識破。雖然刻意的身體語言透過仔細辨認也是可以識別的，但一般人還是很難發現。所以就造成了上肢動作可以「撒謊」的情形。

而下肢動作則很難撒謊，大部分人在注意了自己的上肢動作後都很難顧及下肢的動作，於是內心最真實的想法就很容易透過下肢動作流露出來。比如，你的腳尖會不由自主地朝向你關注的事物。伸長的腳是腳尖朝向的強化延伸動作，腳尖只是微微表露了心意，而伸長的腳則是在向對方明確地示好。

當我們與對方談話時，無論是對談話內容還是交談對象，只要我們感興趣，我們就會把腳伸向對方，縮短與交談對象之間的距離。反之，如果我們興味索然，我們就會縮回自己的腳，盡量拉遠與交談對象的距離。如果我們是坐著談話，這樣的行為更加明顯。如果我們不想談話，也懶得附和對方的意見，就會把腳收回，甚至交扣著腳踝放到椅子下面，呈現出一副封閉姿勢。

不同的人在行走時，腳尖的朝向會有所不同，也就是我們常說的「外八字」和「內八字」之分。如果排除生理缺陷等原因，這些行走中的腳尖朝向也會在一定程度上反映人的性格。

如果一個人習慣用「外八字」的姿勢走路，也就是腳尖往外偏的幅度很大，表明他會被一些無關緊要的小事所吸引。為了得到更多的資訊，他甚至願意繞道而行。

而「內八字」的姿勢使得腳尖朝向裡，有煞車的作用。有著這種走姿的人經常猶豫不決。如果他的上身姿勢經常是封閉性的，那麼他的內向、拘謹的性格特徵表現得就更加明顯了。他們永遠是一副憨實厚道的樣子。但這種人在厚道的外表下，並不顯得沉靜。他們平常留意生活中的細節，事事喜歡按部就班地進行，如果有突發事件發生，就會大亂陣腳，而變得手足無措。這

種人的形象注定了他們不會創新，他們情願跟著潮流走。當別人
把一定的權力交給他們，而使其成為眾人注目的焦點時，他們就
會渾身不自在而煩躁不安，因為他們只追求平淡的生活。

Chapter 7

弦外之音：

語音語速背後的祕密

　　就算是高手也有失算的時候，狐狸也有失足的時候。語言是最容易被人用來偽裝自我的一個工具，但是，即使技巧再高超，碰上了微表情破解高手，那也只能如同被釘住七寸的蟒蛇一樣，本事再大，也無法脫身。沒錯，語音語速就是揭穿他人心思的利器！那些話多、速度又快的人究竟想表達什麼？打電話聲音猛然提高的人有什麼性格缺陷？現在就是見證其解的揭祕時刻！

1　說話前清喉嚨可能是在掩飾情緒

　　說謊或掩飾真實情緒時，人們習慣用手接觸臉部以獲得安慰。也有的人因為刻意規避而跳過此細節。不過，無論男女在說謊時都會刺激唾液的分泌量，男人的喉結會使吞嚥口水的動作更加明顯，微笑更少。對於男性而言，清喉嚨的明顯動作是喉結跳動，通常喉結跳動是焦急的信號。它也用來展示吞嚥或者抑制，這一點在很多影視劇與動畫裡被頻繁應用。

　　在比較正式的場合，說話開始時總是清喉嚨的人，多是緊張和不安的情緒所致。說話的過程中不斷清喉嚨的人，可能是為了變換說話的語氣和聲調，還有可能是為了掩飾自己內心的某種焦慮和不安。還有的人在說話過程中並不是不斷地清喉嚨，而只是偶爾一兩次，這多半是說明他對某一個問題並不是特別認同，還需要仔細認真考慮。

　　需要注意的是，故意清喉嚨有時還是一種警告的表示，是為了表達自己的某種不滿情緒，同時也包含著向對方示威的意思，告訴對方自己可能會不客氣。總而言之，如果一個人說話的時候，不斷地清喉嚨，那說明此人對自己的話根本就沒有把握，他只是在發表自己的觀點，而且這種人具有杞人憂天的傾向。

　　為什麼掩飾情緒時會產生說話前清理喉嚨這一現象呢？原因有很多。

　　比如我們不喜歡周圍的事情，不喜歡自己的所見所聞，或被迫談論一些隱私話題等等。人們在掩飾自己的不舒適時首先會表現在生理上，這是邊緣大腦覺醒的結果。這時，我們的心率會加快，頭髮會豎起來，會大量流汗，呼吸也會加快。這些生理反應

是自發出來的。除了這些，身體也會透過非語言形式來表現我們的不舒適感。如，我們會將身體輕輕移開，以產生阻隔或保持距離的作用，還會重新調整自己：或者輕輕擺動雙腳、扭動屁股或者用手指敲打某物。

另外，當我們感覺不舒適時，聲音可能會變調，聽起來會前後不一致。因為壓力而感到口乾，這時吞唾沫也變成了一件很費勁的事。掩飾情緒的人的喉結可能會突然上下跳動，同時伴隨著清嗓子的動作，可能是一下，也可能是連續幾下。

記住一點，當某人在做這些行為的時候，肯定是困苦的信號，但卻不一定是欺騙的信號。十分誠實的人在法庭上作證時幾乎做出了所有上述動作，這只是出於緊張，而不是因為他們在說謊，因此，我們要根據實際環境去譯解各種緊張和壓力的信號。

如果你是人事方面的負責人，希望透過這種線索來觀察面試者，建議找一個清楚的地點。最好可以在一個能夠看到對話人整體的環境中進行，即不要在雙方之間設置任何障礙，這樣便能更加全面地觀察你要觀察的人。

在觀察、詢問的過程中，要注意適當停頓，不要連珠炮似的問問題。如果你的急躁或魯莽引起了對方的反抗，你想準確地發現欺騙行為的希望就會落空。

2 話多速度又快的人都很單純

我們經常會遇到說話速度很快的人，只要他們一開口，就沒有停下的意思，而且常常在別人沒有完全理解時就戛然而止。這

種類型的人通常會自以為自己熱誠、能說會道。其實，這往往顯示了他們思想單純，沒有心計。

說話很快的人除了語速快，還有一個顯著的特點是音量很高。對於說話者自己來說，因為說話的速度太快，肯定沒有足夠的時間思考自己的言語，顧慮別人的反應和感覺。這樣，說話者自己洩露的東西太多，招致對方的誤解也會很多。此外，說話像放連珠炮似的這種人將交談變為個人脫口秀專場，說話的時候「唯我獨尊」，會招人厭煩。這些都表現出這類人說得多想得少或先說後想的單純性和直接性。

通常，小孩子發現一件事情或玩得興趣盎然時，會不假思索、語無倫次地對家長或他人將自己的所見所聞一股腦地說出來，就像放連珠炮。他們就是我們身邊思想最單純、也沒什麼心計的人群。

我們說話的目的就是要讓對方領會自己的意思，但說話像放連珠炮的人由於說話太快，會使聽眾疲於追趕他的思維節奏，感覺會很累很累。而如果對方不能確切地把握其聽到的內容，會使得雙方造成不必要的尷尬，甚至是誤會。

在工作以及生活中，這種人都會因為雷厲風行和心直口快的性格，而容易獲得他人的好感。但同時，他們也會因為說話時沒有顧及別人的感受而得罪人，或表述不清、話語太多而遭人反感，言多必失！到頭來也使得自己自討沒趣。

因此，我們在與說話像放連珠炮的人交往時，不要因為他們的話語傷著了自己就誤解甚至記恨對方，也不要因為厭惡這種說話方式而迴避他們。殊不知，這類人是最沒有心計的，而且他們思想單純，值得交往和信賴。

如果因為對方說話快、聲音大，而感到自己沒有說話的空間

或機會，不如嘗試用幽默來打破這種僵局。如約會的時候、面試的時候、主持會議的時候、和陌生人一同進餐的時候，因為許許多多意想不到的事件，人們常常會陷入僵局。這種時候，有些人會為此尷尬萬分、大為失態；有些人卻能悄然化解、輕鬆擺脫；而有些人則能適時地用幽默化解僵局，讓大家都鬆一口氣。這些善用幽默打破僵局的人，大多數反應能力都比較強。

善用幽默打破僵局的人，總能在第一時間感覺到某種不和諧的氣氛，並且想到用合適的話語來打破僵局。這不僅能使當時的氣氛得到緩和，還可使尷尬或氣惱的雙方都有台階可下。這種人，不僅觀察事物的能力強，而且具備機智、敏捷的判斷力。

3 說話慢又帶口頭禪的人較成熟謹慎

有這樣的一些人，在交談時，他們經常會停下來，放慢語速說：「這個」，然後仔細分析一下。我們不難發現，這類人說話辦事都比較謹慎。

經常使用「這個」、「那個」的人，可能是由於自身掌握的詞彙少，或是思維慢而導致的，是他們在說話時利用它作為間歇的方法形成的口頭禪。

那些帶有「這個」、「那個」口頭禪的人，一般比較和藹親切，待人接物時也能做到客觀理智，冷靜思考，認真分析，然後做出正確的判斷和決定。而且，他們不獨斷專行，能夠給予他人足夠的尊重，反過來也會得到他人的尊重和愛戴。也可以說，這類人反應比較遲鈍或比較有城府，因怕說錯話，需要間歇來思

考。

　　語言是人際溝通的媒介，人們借助語言進行思想和情感交流以達到相互了解的目的。通常，公司的領導者或團隊的主管，講話的時候總是邏輯嚴密、不慌不忙，這可不單是因為他們有卓越的管理能力，更主要的是因為這些人說話的時候有自己的主見。

　　一方面，講話慢容易讓人理解話本身的含義，並且讓人有更多的思考時間去理解真正的含義，這樣也有利於自己和對方進行有效溝通；而講話快的人，基本上只顧著自己表達，無暇在意別人理不理解他的意思。

　　另一方面，講話慢的人，在講話的時候會考慮好自己的言語或表達方式後再說出來，即「三思而後行」。這樣更容易表述自己的意思，可以提高和對方溝通的效率。

　　說話慢條斯理的人，還說明他們的心理很成熟，面對問題的時候不會魯莽和急躁，有自己的主張和見解，不會事事都詢問他人。當然，也絕不是從不聽取別人的建議。這是因為這種人通常頭腦極為冷靜，能看清事態的發展和變化，關鍵的時候能拿主意，但絕不是逞能。說話慢條斯理的人，工作起來效率不一定是最高的，但他們會兼顧品質與效率，能做到隨機應變。他們在生活中也比較沉穩，做事有計畫、有條理，不至於活在忙碌和煩躁當中。

　　因此，與說話慢條斯理的人交往的時候，你不要妄想輕易說服這樣的人，因為他們很有自己的主見，不會隨意改變自己的主意。當然，也千萬不要急於亮出自己的底牌。否則，對方會將事情策劃得更加周密，好像什麼事他都可以胸有成竹，會使你難以迴旋並徒增心理壓力。

說話慢又帶口頭禪的人較成熟謹慎。

4 音量高講方言的人性情多粗獷

　　有些人天生嗓門大，說起話來聲音很響，如果一激動，旁人聽著像吵架。這種高聲大氣是人們用來召喚、鼓動、說理、強調和表達自己激動心情的聲和氣，可以表現出說話者的激情、粗獷、豪放的性格。

　　這種類型的人脾氣有些暴躁，如果情緒失調，較易發怒，易激動，但優點也很突出，那就是為人坦率真摯、熱情，說話直截了當，從不拐彎抹角繞圈子。

　　這類人多容不得自己受一點點委屈，他們會據理力爭，直到弄個水落石出為止。他們有時會充當急先鋒，發揮召喚、鼓動的作用，但有時也會在不知不覺當中被人利用，而自己卻渾然不知。

　　歷史人物張飛以粗豪、勇猛、爽直和堅貞的個性深深地吸引著歷代的讀者。這個人物說話聲如洪鐘，具有濃烈的草莽英雄氣質。從其外表便可看到這一點，他「身長八尺，豹頭環眼，燕頷虎鬚，聲若巨雷，勢如奔馬」。在長坂坡一役，曹操率眾軍追趕張飛。張飛立馬橋頭，圓睜環眼，厲聲大喝：「我乃燕人張翼德也，誰敢與我決一死戰！」吼聲如雷，將曹軍部將夏侯傑驚得肝膽碎裂，跌於馬下。曹操回馬而走。這段有聲有色的傳奇故事，突顯了張飛粗獷的草莽英雄氣質。很多人一聽說要與強敵對陣，大都會心生恐慌，或想臨陣脫逃。其實，這種做法等於認輸。如果你能先發制人，以聲氣奪人，就可減輕這種心理壓迫。

　　另外，說話聲音高昂、洪亮的人大都有比較充沛和旺盛的精力，自信心充足，有一定的欣賞品味和鑑賞能力，待人熱情、誠

懇，氣質優雅，能夠吸引人的目光，並且有榮譽感。

說話喜歡講方言的人，往往感情豐富，特別重感情。他們的適應能力也許不強，與其他環境的融合或許需要很長一段時間，但這類人的自信心較強，有一定的膽量和魄力，做事很容易成功。

台灣交際專家方樹生在談到方言的作用時說：「喜歡人家說他的方言，這是人之常情。

如果你對廣東人說廣東話，對福建人說福建話，對寧波人說寧波話，對上海人說上海話，如果你是他的同鄉，當然產生同鄉的好感，彼此易於接近；如果你不是他的同鄉，而能說很純熟流利的對方方言，他一定會覺得你特別聰明，雖然初次相見，印象卻可能會很好。對於你的請求，本來不想答應，或許可以因此而通融。」

如果能夠在言談中保留故鄉話的人情味，同時又能用理性的普通話來和人交談，擷取兩種語言的優點，是最理想的方法。另外，在生意往來、各地區的洽談會、招待外來賓客等場合中，如能巧妙地活用故鄉的語言，也會增加彼此的親切感。

5 不能輕易被打斷話題的人多愛聽奉承

有的人說起話來口若懸河、滔滔不絕，有的人則喜歡喋喋不休地傾訴。對這樣的一些人，不妨做個最佳聽眾，不要打斷他，不要責怪他，與他保持親密但適度的距離，顯得專注一些，並刻意營造美妙的談話氛圍，因為他們是喜歡聽別人奉承的典型。

　　不需要用語言表示你正在注意傾聽別人講話的最好方式之一就是點頭。當一位客戶正向你喋喋不休地講解某件事的一些細節，你不插話，但你又希望讓他知道你正在聽他講話，這個時候點頭特別有效。

　　一般來說，說起話來像連珠炮似的滔滔不絕的女性，性格會非常靈巧，有順應任何環境的能力，而且，這類型的女性多半具備語言、繪畫的才能，個性善良，不會拒絕他人的請求，從而為自己帶來一些煩惱。

　　小玲的媽媽是位樸實的農村婦女，雖然沒上過學，但是通情達理，善解人意。小玲覺得媽媽哪兒都好，唯一讓自己感到不滿意的地方就是只要媽媽一開口說話，就不容易被打斷，有多長說多長，不說完不會停止。

　　有時小玲急著看一個電視節目，偏巧媽媽過來找她聊天，小玲一邊聽一邊看，三心二意，希望媽媽快點說完，可是媽媽絮絮叨叨地說個不停，總不結束。小玲一著急，就想辦法，比如提醒媽媽說：「媽媽，你是不是在燒水，水開了吧？」媽媽恍然大悟跑去廚房看一看，但誰知道返回來之後竟然還能接著剛才中斷的話題繼續說。

　　小玲算是服了媽媽，雖然這點常讓她感覺有點煩，可是媽媽也有一個最大的優點，那就是無論做了什麼惹她生氣的事情，自己只要抱住媽媽說兩句好聽的話，媽媽就不生氣了。

　　倘若是口若懸河的男人，有時因不會接納他人的意見、過於主張自我而惹來麻煩。他們自認為好的事卻常常是旁人厭惡的。

　　不能輕易被打斷話題的人都愛聽奉承話，大多數人都很樂觀，不會悶悶不樂或鑽牛角尖。但他們同時也因為樂觀而有疏忽

的一面，那就是可能做出違背本意的事。這類人給人的第一印象雖不佳，卻能在交往一段時間後慢慢化解彼此間的誤解，而讓人發現其個性品味。當然，也很容易引起異性的誤解。

 6 口齒不清的人意志很堅定

　　在人際交往中，我們經常會發現一些人口齒不清、反應遲鈍，最初你也許會有厭煩的情緒，但等到彼此熟悉或了解後，會發現這類人往往不僅意志堅定，而且才華出眾，甚至會一鳴驚人。

　　古今中外，有很多口齒不清的人都是憑藉自身堅強的毅力和不屈不撓的精神最終成功改變形象，躍身成為成功的偉人。如古希臘寓言家、《伊索寓言》的作者伊索、偉大的思想家亞里斯多德、著名的古希臘演說家德摩斯提尼、科學家牛頓，進化論的提出者達爾文、法國皇帝拿破崙一世、英國前首相邱吉爾、無產階級革命家列寧等等，都曾經是口齒不清隊伍中的一員。不久前賣座的奧斯卡得獎影片《王者之聲》中的喬治國王，也是典型的口齒不清的代言人。喬治六世深為自己不能流利地當眾發言感到苦惱，但是當他克服了自己的自卑，努力掃除口齒不清障礙後，一舉得到了臣民的熱烈擁戴，並透過自己的演講更是鼓舞了人民抗擊希特勒的鬥志。無一例外，這些口齒不清的成功人士都擁有意志堅定、才華出眾的特點，而且最後都一鳴驚人，在各自的領域做出了偉大貢獻。

　　口齒不清、反應較遲鈍的人，通常有以下兩種情況：一種

是他們僅僅是語言表達不夠精彩，但往往能一鳴驚人，這說明他們在某一方面或其他方面有比較出眾的才能，只要努力，都能很快成功；另一種人則是說話方面確實不夠出色，而且也不太經常表現自己，但他們注重少說多做，以免去自己詞不達意的形象缺憾，而用自己的實際行動證明自己的能力。可見，這種人的意志往往是十分堅定的。

愛因斯坦三歲多了還不會說話，中學時代的他連許多測試都不及格，有時候人家問他叫什麼名字？他都好長時間答不上來。然而，長大的愛因斯坦卻成為世界上最偉大的科學家之一。同樣，英國首相邱吉爾上學時作業做得很差，說話結結巴巴，口齒不清，所有人都嘲笑他的無能與可笑，但他最後卻成了第二次世界大戰期間最偉大的領袖、演說家、文學家。

口齒不清、反應遲鈍的人通常會給他人留下天生木訥的印象，但他們大多數卻是篤志堅行，見解非凡的人，往往能終成大事。這說明口齒不清、反應遲鈍並不是他們智商有問題，而是這些人耐性較好，且內心活動豐富、善於思考。

由此可見，我們在與口齒不清、反應遲鈍的人交往的時候，不能單從這一方面來判斷對方，而要學習他們做事的幹勁和能力，平等對待並尊重對方。

7 將肯定語氣詞掛嘴邊的人很自我

有些人總愛把「絕對」、「肯定」、「一定」等肯定詞掛在嘴上。在與人交談的時候，經常語氣強烈地提到「絕對」這個

詞。而通常性格較溫和、交談時考慮別人想法的人是不會經常說到「絕對」這個詞的。喜歡說「絕對」的人，往往不顧及他人的想法。

「絕對」這個詞在詞典裡表示的是極端程度的意思。在日常生活中，人們使用這個詞的時候，表達的意義是沒有詞典中那樣極端。但研究顯示，喜歡說「絕對」的人大多有自戀的傾向。

但是，這一點卻常被他們用來作為自我防衛的藉口和被證明錯了時候的擋箭牌。在這種情況下，他們常常會不斷用「絕對」來進行保證，如「絕對不會再犯」，「絕對不會再這樣做了」等。有時他們的「絕對」被人駁倒後，為了掩飾自己內心的不安，總要找一些理由加以解釋，總想讓自己的東西被人接受。其實，別人不相信他們的絕對，他們自己也不相信這樣的絕對，只不過是為了維護自己所謂的尊嚴而已。

在和異性的交往中，不需要多久，他們就會說出很多的「絕對」。雖然戀愛到了一定程度，偶爾說「絕對」也是表達情感的很正常的方式，但是，滿口「絕對」的人，他們的甜言蜜語就值得懷疑了。

因此，在日常生活中，我們如果遇到喜歡說「絕對」的人，可以盡量多強調自己的觀點。這樣，在與不常考慮他人想法的他們交往時，才能讓我們自己也融入到話題中去。

大多數人在日常交往與交流中往往意識不到非語言資訊的重要性。事實上，語言的交流通常只占了整個交流過程的百分之七，大部分的交流都是由非語言資訊完成的。非語言資訊包括身體語言、語氣、神態等。

商務合作中，尤其是一些必須經打電話溝通的情況中，無法實現面對面交談中對身體語言的使用，這個時候個人的語氣、語

調就顯得特別重要。語調說明你的感情和情緒，也能顯示你對與你交流的這個人的態度。記住「語調不是你說了些什麼，而是你說話的方式」。

你必須意識到並不是所有的身體語言在電話交談中都失去了用處。雖然這個正在與你談話的人看不到你，可是他在與你進行電話交談時，會在意識中勾畫出你的樣子。你的一些表現——表情和身體語言等可以使你說話的方式發生微妙變化，例如你的語氣和腔調，這種微妙變化會被電話那端的人捕捉到。所以，如果你想給對方留下好的印象，你就必須用能給對方留下好印象的講話方式。商務活動中應傳達這樣的一種語氣給對方：態度明確、熱情洋溢、樂於幫助、舉止得體。

8 句句突顯「我」的人愛表現

在人際交往中，有人常常談論自己，包括曾有的經歷，自我的個性，對外界一些事物的看法、態度和意見等。他們在談話中喜歡使用「我」字，他們張口閉口都離不開「我」、「我的」等口頭禪。一般來說，這樣的人性格多比較外向，感情色彩鮮明而且強烈，主觀意識較濃厚，愛表現和公開自己，多少有點虛榮。

仔細觀察一下，我們不難發現有這樣習慣的兒童也非常多，這也是不足為奇的，因為這是一種兒童心理的表現。但是，有些成年人也這樣說話，就算不常用「我」字，而愛用「我們」或者「我輩」等字眼，這也顯示他們具有相同的性格，具有很強的表現欲。

　　心理研究證明，有些成人之所以養成這樣的說話習慣，其原因可以追溯到他們的嬰幼兒時期。在哺乳期，嬰幼兒與母親有一種身心合一的親密關係；而到了斷奶期，嬰幼兒的這種感覺就受到了威脅。為了避免這樣的威脅，嬰幼兒學會了說「媽媽」、「我」這些單詞。「媽媽」和「我」這些詞語在一定程度上緩解了孩子的不安全感。

　　在孩子的心目中，「媽媽」和「我」是密不可分的。沒有媽媽，他們很難生存下去，所以他們對媽媽有著難以割捨的心理依戀。孩子不斷地強調「我」，可以從母親那裡得到一種安全感。經過這樣的不斷強化，孩子就頻繁地使用「我」，從而獲得更多的安慰。等孩子慢慢長大以後，就逐漸被社會同化了，由一個小家庭的孩子變成了社會的孩子，他們透過不斷地說「我」、「我們」來獲得安全感的要求逐漸變淡，取而代之的是強烈的表現欲。他們並非要把自己的觀點強加於人，而是企圖強化自己的存在、表現自己。與這樣的人交往，一般來說是比較安全的。如果你有這種習慣，就應該及時修正自己的個性，使自己的性格很快成熟、健全起來。

　　這些人的另一個特點是，常常喜歡把「所以說」掛在嘴邊。他們認為自己在開始的時候就已經了解所有的事情，頗有先見之明。當別人說出事情的結果的時候，他們總會說：「我之前不是說過了嗎？我早就知道結果會是如此。」特別強調自己對事情的發展早已瞭若指掌。他們絕對不會說：「是啊，你說得對，我也這麼想。」而總是說：「所以說，事情就是這樣，我之前不就說過了嗎？」乍聽起來是他們善於總結，但深究起來卻遠不是這麼回事。

　　常說「所以說」的人最大的特點就是喜歡以聰明自居、自

以為是，態度也表現得很強硬、傲慢，並且更喜歡將功勞攬在自己身上，總認為自己所說的話具有絕對的權威性，說話完全不顧及對方，似乎有逼迫他人的感覺，因此對方常會因這種被踐踏的態度而受到傷害。他們就算很惹人討厭，但自己卻渾然不覺。他們並不覺得自己是個傲慢、令人厭惡的人，反而認為他們相當值得同情，因為得不到眾人的認同和理解，周圍的人都不願意去傾聽、了解他們的心聲。因此，我們一定要留心說「我」和「所以說」這樣的口頭禪，尤其是在自己並不是最高職位的時候。

相反，如果一個人在敘述某件事情的時候，只是在單純地敘述，不加入過多的自我感情色彩，而是將自己置於事外，則說明這個人比較客觀、理智，情感比較沉著和穩定，鮮有過激行為。

談話在我們的生活中是一項不可缺少的重要內容。在談話中，通常人都不會非常直接地談論自己，但在不知不覺、有意無意中總有透露自己的時候，在此過程中，注意談論內容是什麼，談論者的神態和動作怎樣，細心一點，一定會獲得一些有益的東西。

9 說話總是附和他人的人或圓滑或沒主見

「對啊」這個詞語用來肯定對方說的話，表示毋庸置疑。日常生活中，沒有人喜歡別人違背自己的意願行事。而這些喜歡說「對啊」的人，通常都有好人緣。他們嘴邊掛著「對啊」，表面上是一團和氣，人際關係不錯，但這並不一定就是他們的真心話。其實，他們是以「對啊」來迎合別人，暗地裡卻常常是為了

自己的利益而精打細算，為人處世比較圓滑。

「嗯，對啊！就像你所說的那樣。」

「對啊！確實是這樣，我也有同感。」

類似這些用來贊同或認同對方的話，會讓對方聽起來顯得格外舒服，非常高興地認為原來你的看法和他一樣。其實，講這種話的人並非發自內心、謙虛地認為你的話都是正確的。他們之所以常常將「對啊」這句話掛在嘴邊，是因為這樣比較容易與你相處，使自己的人際關係更加融洽、順利而已。他們一心為自己著想，希望藉此得到更多的利益。

另外，常說這句話的人通常不屬於那種自我意識特別強烈的類型，他們比較善解人意，不會勉強別人按照自己的步調走，不會強人所難，不會斤斤計較。因此，他們通常可以營造和諧的氣氛，自己也可以成為受歡迎的人。可是如果碰到這種類型的主管，就別高興得太早。對你的意見他可能會回答：「對啊！你說得很有道理。」不過當事情進入最後決策階段的時候，他會要求你按照他的意思去做，而且相當固執，無論你再提出什麼樣的意見和建議，也都是徒勞。寸步不讓的做法令他一反常態，與往日判若兩人。

「對啊」一方面是肯定對方，另一方面卻是敷衍對方的一種手段，他們對於對方的意見不屑一顧，甚至連反駁都懶得反駁。這種人是算計他人、處世圓滑、不得不提防的危險人物。

一個人為了擁有圓滿而順利的社會生活，其言語裡必定少不了敬辭。然而，在日常生活中，我們有時候很難碰到妥當的敬辭。與其說這是由於普通人對於敬辭的掌握不夠，不如說是有人故意使用尷尬的敬辭。那些善於恭維、善用敬辭的人，通常都比較圓滑世故。

在說話中善於使用敬辭的人，對他人有很好的洞察力，往往能夠體會到他人的心情，然後投其所好。這類人隨機應變的能力很強，性格彈性比較大，與絕大多數人都能夠保持良好的關係，在為人處世方面多能如魚得水、左右逢源，在處理各種事情時都顯得相當老練。他們相當精明，很少有吃虧上當的時候。雖然表面上看來他們很容易向他人妥協，實際上他們有自己的主張，而且往往有一張非常廣大、實用的關係網。

10 總是說「其實」的人有點任性

大部分人都有自己的口頭禪，比如「還好」、「隨便」、「一般」等等，不同的口頭禪反映了人們不同的個性與對事物的喜好，如果你注意觀察，你可能會發現，自己身邊有一些人總是在說話的時候帶一個詞語「其實」。「其實，我的意思是……」，「其實，我並不是讓你不要去……」，「其實，我早就說過，但是你不聽……」這些耳熟能詳的對話揭示了一類特殊的人，這類人以講「其實」作為對他人開誠佈公表明心跡的敲門磚。但事實上，說話總是愛講「其實」二字的人通常都有點小任性，做事愛以自我為中心。

露露年輕漂亮，性格開朗活潑，所到之處總見歡聲笑語，很多人都以為她必定有很多好朋友，但是奇怪的是，那些和露露接觸過的人雖然對露露的性格讚賞有加，卻對露露的為人處世多有不贊同，一些人甚至對露露有負面印象，這是為什麼呢？

　　原來，露露凡事都愛和人講「其實」之道，但其實的結果
不是雙方歡喜，而是一方討厭。會計部的小劉特別喜歡露露的髮
型，她覺得非常好看，想自己也剪一個同樣的髮型。為了這件
事，她去徵詢露露的意見：「露露，你對髮型那麼有經驗，能
不能給我點建議？我想去剪一個和你一樣的髮型，你覺得怎麼
樣？」

　　露露上下打量了一下小劉，眉頭皺了皺，眼神向右閃動了
一下，說道：「這個髮型嘛！挺迷人的，你剪也可以。像我的臉
型就比較適合這髮型，剪什麼都好看。但是你的臉那麼大，恐怕
不太好吧！」聽了露露的話，小劉的臉色有點難看，雖然說得有
道理，但是不知道為什麼不中聽。露露大概也察覺到小劉的不高
興，她趕快說：「其實不是說你剪不好看，我這個人不太喜歡和
人重複。」聽了這話，小劉心裡更加不是滋味，本來只是一個友
好的詢問，怎麼露露說著說著就完全變了樣子？

　　在日常生活或工作中，「其實」這個詞表達的意義通常是
對別人提出的觀點持有反對意見的成分。透過大量調查研究，心
理學家發現，那些喜歡說「其實」的人大多有一種自我欣賞的傾
向，這類人通常較為固執，判斷事情往往比較主觀，並且喜歡凡
事以自我為中心進行規劃。

　　一般來說，性格隨和的人在與人溝通的時候，往往會站在對
方的立場上來考慮問題，因而對別人的看法通常持贊成的態度；
相反，那些喜歡說「其實」的人，性格大多任性而倔強，往往不
易改變自己的想法。

　　事實上，經常說「其實」的人，由於對自己的才能往往估計
過高而導致事情發展出乎意料，而且，即便在失敗的情況下，他

們依然會用「其實」來為自己開脫罪責。

因此，我們在日常生活中，如果遇到經常說「其實」的人，最好用不容置疑的口氣加強自己的觀點。然後，當對方開始為自己的錯誤尋找藉口時，可以採用諸多的事實指出他的錯誤，最終讓其心服口服。

11 打電話猛提高聲音的人容易激動

在捷運裡、公車站，總是會見到這樣一些人：一接電話，聲音會猛然提高很多，好像接到升官，似乎生怕別人聽不到，這種喜歡提高音量說話的人比較容易激動。這類人可能是自我主義者，對自己很有自信，也比較喜歡聽奉承話，通常表現欲比較強烈。

對於那些表現欲強烈的人，無論到哪裡他們都試圖表現一番。他們很有自信，只要有機會，他們就願意大膽地「秀」出自己，即便打電話也是一樣。

他們往往不自覺提高音量，以引起別人的注意或是出於一種炫耀心理，甚至有時還故意讓別人聽到他談話的內容，因為談話中可能提及一些令他覺得很有面子的事，所以他很希望別人聽到。

敢於自我表現的人通常是自信心極強的人，他們無論什麼時候、什麼場合、面對什麼樣的人，都能保持強烈自信。有的人越是在正式的場合就越緊張，越不敢放開手腳施展自己的能力；而「打電話聲音猛提高」這類人則最喜歡這樣的場合，正好可以表

打電話猛提高聲音的人容易激動。

現自己，發揮自己的才能。他們迫不及待地想得到這樣表現自己的機會，屬於那種「給點陽光就燦爛」的人。

敢於自我表現的人，往往在工作中能引起上司的注意，因為他們常常有意無意地展現自己，別人想不注意都難。在團隊中，不論什麼活動，他們都能出盡風頭，即便在他不擅長的活動中，為了表現自己，他也要不斷插科打諢，捕獲別人的目光。

這種性格可能會受到上司的賞識，但常常阻礙了他與同事之間的關係，因為他太愛表現，太愛出風頭，所以可能常常搶了別人的風頭，這就難免引起同事的妒忌和不滿。「木秀於林，風必摧之。」一個團隊裡如果有一個人太出色，再加上他太喜歡表現自己，那就相當於把自己與其他同事的距離拉遠，你的出色總是襯托出其他人的平庸，其他人必定會對你有看法。漸漸地，其他人就會形成一股抗拒的力量來與你對立，即便你不會被排擠出去，那你也不會在團隊中有好的人緣。

因此，如果你發現在公共場合打電話時聲音很大的人，通常是一個有較強烈自我表現欲的人，但這種欲望通常會觸犯他人，以致他失去良好的人際關係。

12 突然話多可能是掩飾不安或狂躁

一個原本沉默寡言的人，忽然變得健談，在某一場合中或某個人面前變得口若懸河，反映了他的一些小心思——或許是想轉移對方的注意力和思維方向，避免其提起某些令自己不快的話題；或許是怕對方提出自己有可能無法應付的新問題，所以以這

種方式來阻止對方講話。

君峰是一個內向沉默的人，結婚後還是這個樣子，有什麼事都不跟老婆溝通，氣得老婆動不動就罵他是「鋸了嘴的葫蘆」。

可是這麼一個「悶葫蘆」，最近兩個月突然跟換了個人似的，變得健談了。原來老婆嘮嘮叨叨時他從來都不理，可是現在老婆一開口，他就笑嘻嘻地跟她扯，而且還淨扯些不著邊際的話。

以前，每次吃過晚飯後，老婆的習慣是拉著他一起看愛情電視劇，並且還特別喜歡邊看邊評論：「你看，小雪多漂亮、多善良，遇到這種美女，大亮這種老男人還不珍惜呢……」而現在君峰從來都不讓老婆有評論的機會，他會想盡辦法讓老婆陪著他說話，而不是看電視劇。他甚至專門準備了一個小本子，上面寫滿了新聽來的笑話或好玩的事，從吃完飯到睡覺前，他會不停地給老婆講故事，逗老婆大笑。

君峰的妻子感到十分詫異，她一方面為丈夫的轉變感到高興，一方面又擔心丈夫遇到了什麼事情？直到有一天，她偶然在丈夫的手機上讀到一條曖昧的簡訊，一切才真相大白。原來，君峰之所以如此，是為了封住老婆的嘴，不讓她提起與愛情有關的事，以免自己不小心露出馬腳。

現實生活中，上述故事中的「突然轉變」其實也是時有發生的。一個木訥的人失戀後突然和親朋好友喋喋不休講自己碰到的新鮮事；一個原本比較沉默的女孩子，在喜歡自己的男孩子約自己出去時，會不停地說話……

以上，你一定會發現一個問題：突然由沉默變得健談的人，往往是剛遇到了一些事情，並且這些事情均是他們不願意再次提

起的。說得再明白一點，就是他們心裡有「鬼」，為了不被人發現這個「鬼」，他們會想盡辦法引開話題，把對方的思維引向別處。至於那個在喜歡自己的男孩子面前突然變得滔滔不絕的女孩子，則很可能是因為她不喜歡對方，不希望聽到對方表白，以免使自己陷入一個難以推托的境地，引發雙方尷尬。

然而，如果沒有什麼顧忌，原本沉默的人突然在某個場合中變得健談，則多是由於該場合出現了某個特定的人或特定的事件，他想引起這個特定人物的注意，或者他對這個事件超乎尋常地感興趣。如果一個人平常說話慢慢悠悠、從不著急，而在某一時刻忽然很大聲又較快速地不停說話，甚至很急迫地進行反駁，那麼很可能是對方說了一些對他十分不利並且是無端誹謗的話，語速的加快表達了他內心的不滿、著急和委屈。

但是，也有特殊情況，一些精神疾病患者，最明顯的表現就是突然話多。一般來講，先期狀況都是情緒低落、憂鬱，但如果有一天，本人突然變得開朗、愛說話、熱情，不要以為這是病好了，其實，這說明他的病已經轉為躁狂症了。所以，情緒及表現的突然變化可能不是好事，是情緒積壓到一定程度轉為躁狂症的表現，出現以上症狀的患者應及時就醫，盡快治療。

13 誠實人不一定常說「說實在話」

一開口就說「說實在話」的人，也許並不誠實。經常說「說實在話，不騙你」的人，十分在意對方對自己所陳述的事件的評價，並且會很擔心對方誤解自己，因此喜歡用這幾個字來強調事

情的真實性，以期得到對方的認可。

那麼，為什麼他會很擔心對方誤解自己呢？為什麼他一再強調自己所陳述的事情的真實性呢？為什麼他那麼害怕得不到對方認可呢？如果不是過分謙卑，那答案恐怕只有一個：他謊話連篇，經常虛構事實。說簡單點，他一點都不老實，就是個騙子。

人是一種理性的動物，但在很多時候卻會被本能所支配，所以才會時有「下意識」、「不自覺」等情況出現。語言在很多時候就是被人的本能所支配的，雖然絕大多數時候，談話的內容都是人們經過思考和邏輯整合後才說出來的，但幾乎不論何時，人們在談話中總會穿插一些簡短的詞句，這些詞句往往沒有什麼實際意義，對談話內容也不構成什麼影響，並且不需要經過思考，因此完全可以被忽略掉。

但是，如果說話者與你的利益息息相關，那你一定要注意了。因為相對於其他經過思考和邏輯加工的內容，這些簡單的詞句完全出於說話者的本能，因而更能反映他的真實意思，甚至是品行。「說實在話」就屬於這一類，經常以此作為過渡的說話者，實際上是在不停地提醒你相信他。可以想像，只有沒有十足的把握，甚至企圖掩飾事情真相的人才會如此。

以這句話來贏得思考時間的說話者，實際上是在透露一種資訊：我一定要想出更合適的「事實」或「語句」，讓你覺得我更可靠、可信。

另外，如果在說這句話的同時，說話者還伴以摸嘴、摸鼻子等典型的撒謊動作，則幾乎可以百分之百斷定：這個人不可信，他在欺騙你！

當然，上述分析並不絕對，經常說「不騙你」的人並非一定在騙人，有時候反映了說話者的不自信，有時候反映了說話者的

懇請之心，有時候則反映了說話者「真誠實」的本性。至於你面前的這個人屬於哪一種，只要再結合他的性情和其他日常行為就可以判斷了。

14 不同的口頭禪表現不同的性格

　　口頭禪是話語中最不經意卻又最常出現的語句，常與說話者的性格、生活遭遇或是精神狀態有關。其實「口頭禪」原本是佛教禪宗的詞彙，是指不用心領悟，而把一些現成的經驗掛在口頭上，假裝自己經過深入思考，後來演變成形容個人的習慣用語。正因為是「習慣用語」，它背後往往隱含著許多心理活動和心理作用。

　　當你向人提問時，有些人會老老實實回答你，也有人會針對問題發出疑問，希望進一步確認，還有些人則從來不針對問題回答，而是把問題再丟回來給你。

　　無論回答什麼，總是盡量回答肯定句的人，比較誠懇老實，有話直說，個性直爽，認為凡事說開來有助事情進展。

　　針對這種直爽人說話就要實話實說，不要繞圈子。不必怕會不小心得罪他們。就事論事是他們為人處世的原則，小心翼翼反而會讓他們覺得你不誠懇、難以交心。

　　總是對所聽到的問題有所懷疑，發出疑問句的人比較細心謹慎，對別人的要求也很嚴格，自主性強，凡事喜歡追根究柢，有自己的一套規矩。面對這種人，在解答他們提出的疑問時要盡量避免使用「也許」、「可能」、「應該」等模稜兩可的語句，否

則這只會給自己找麻煩。

　　有的人回答問題時語氣很莽撞，總是會用反問句把問題拋回去，這類型的人是那種當你問他們「你對這個產品有什麼想法？」時，他們會反問你「你自己覺得呢？」的人，他們很少正面回答問題。這種人防衛心重，別人要先「給」，他們才會考慮要不要付出。與這類型的人談生意，常常要運用利益交換的方式，像是「您現在訂貨，我可以額外送您……」因此，最好不要一下子就把肉全部端出來，而要一步一步慢慢撒餌，他們才可能認真考慮。

　　總是說「對」、「當然」、「的確如此」的人對別人有很好的「肯定」心態。他們多半善良、有自信，為人和善。他們會不斷給你信心，並提供各種意見，但他們不見得一定會和你交易；不過即使被拒絕，你從他們身上得到的，不管是方法還是自信的提升都夠多了。

　　總是說「可是」「但是」「不過」的人個性偏向任性，習慣以自己的想法和做法為中心，但他們個性溫和，所以選擇用「但是」「可是」等委婉的字眼，就算反對別人的意見，也不至於給人強勢或難以溝通的感覺。這種人不喜歡讓人留下壞印象，雖然對他們死纏爛打往往能奏效，但最好還是長期經營，才不會讓他們成為「一次客戶」。

　　說話時，會提到「不好意思」「拜託」「打擾了」的人個性通常都很優雅有禮貌，內心總是充滿不安和矛盾，有自己的想法，不喜歡被強迫的感覺。當他們抗拒時試著用問句引導他們，像是「您覺得它再加上什麼您就會買？」再針對他們的意見進行說服。只要讓他們打消抗拒的念頭，就有可能使他們買下這「完美」的商品。

　　總是確認事實的人，例如總是問「真的嗎？」「不會吧！」這樣的人，他們需要肯定和關愛，有點被動，希望給人沒有威脅與企圖心的友好感覺。面對這些人時，要盡量站在關心和朋友的立場上進行說服，對他們的生活流露興趣，分享你對他們的想法及看法，並給予肯定及讚賞，他們會敞開心胸和你交流。

　　而那些習慣追問「然後呢？」的人個性上比較小心，自我防衛心強，但還是會為了讓日子好過而帶點妥協與順從。在為人處世方面很冷靜，工作和人際關係都不錯。他們之所以這麼問，表示他們大概已經料到你會講些什麼，以及會如何回應？如果你能展現不同於其他銷售員的特質，例如只花很少的時間談商品，他們會因為感到意外而對你友善。

　　每個人都有一些不同的說話習慣，例如在句尾加上「啊」、「呢」、「哦」之類的語助詞，或在某些心理狀態下，語調拉高或降低。當然，這些差異或習慣十分微小，有點難以察覺，因此，我們不妨從客戶習慣性使用的回饋句型和顯而易見的口頭禪來進行判斷，這樣比較容易得到客觀的結果。

有趣空間：

身體間距離的和諧與危險

「敵進我退，敵退我進」，這句話用在說明人與人之間的身體距離上還是挺貼切，很有趣味性的。仔細想想，你就能注意到，每個人都有一個自己可以接受的親近距離和冒犯距離。距離把握得好，才能有很好的社交圈；距離把握得不好，很有可能吃力不討好，事倍功半。對付這個難以拿捏的身體距離問題，現有八字技巧相送，那就是「敵駐我擾，敵退我追」。掌握好空間交往規則，才能在社交戰裡各個擊破，穩操勝券。

1 身體向外傾斜隨時準備離開

　　身體和身體的距離說明了一個人對另一個人的態度。身體間彼此靠得很近，說明關係很親密，戀人之間一般都喜歡緊密相依。朋友同事之間關係親密，也喜歡手挽手或走路時離得很近，鮮有兩個敵視方肩並肩親密交談的情景，除非他們貼身肉搏時彼此交換資訊。

　　一個推銷員正在給李小姐介紹產品。已經過了二十分鐘了，但對方仍然喋喋不休，話題越來越瑣碎枯燥，李小姐實在有點忍耐不住了，她打開雙腿坐在椅子上，一隻手拉下自己的頭髮，另一隻手則在大腿上輕輕摩挲著。她完全沒有注意到，在過去的二十分鐘裡，自己始終保持著雙腿交叉的姿勢，而且身體後傾，腳尖正指向最近的一個出口。她開始抖動雙腿，有點想要起身的渴望。似乎是意識到了李小姐的不耐煩，整整說了二十多分鐘的推銷員突然停下來，他看著李小姐向外傾斜的身體，抱歉地說道：「不好意思，說了這麼長時間，打擾您太久了。那您先忙，下次有機會我再給您介紹新的產品。」聽到對方這麼說，李小姐心裡長長鬆了一口氣，她立刻挺直了身體，開心地把腳收回，微微地抖動了起來。

　　一般來說，越是遠離頭部的身體部位，我們就越不關注它。比如，大部分人都對自己的臉部非常在意，而且會有意識地控制面部表情和頭部姿勢。我們甚至可以透過反覆練習，熟練地掌握一些表情。例如，假裝若無其事的樣子，表達反對態度的眼神，強顏歡笑等等。如果朋友在你過生日時又送給你難看的禮物，相

信你一定能毫不費勁地展現開心的笑臉。可是除了臉部以外，我們很少注意到雙臂和雙手的姿勢，胸部和腹部也一樣不受重視，更不用提腿部的動作，而雙腳則幾乎完全被我們忽略掉了。

一個人或許可以假裝出鎮定自若的表情，可是如果他的雙腳不斷地輕敲地板或者雙腿一直微微晃動，那就說明在鎮定自若的神情下，他的內心充滿了想逃卻逃不了的挫折感。身體向外傾斜，雙腳輕輕晃動隱藏著當事人逃離當前困境的企圖。為什麼要逃離呢？很可能是因為感覺到自己的私人空間已經不再安全。

人與人之間的空間距離可以劃分為四種：親密的距離、私人的距離、禮貌的距離、一般的距離。

所謂親密的距離，就是說互相之間可以有身體上的接觸。定個標準的話，就是從身體相接觸到互相間只隔開極小一個距離（零公分—四十五公分）。這種距離，通常在夫妻做愛、情侶親熱、極親密的朋友之間或孩子依戀父母的情況下才產生。

處在極親密的情況下，你必然會有一種受到對方壓迫的感覺。因此，如果讓兩個成年男子處於這種距離之中，必定會使他們產生尷尬和不安。跳舞時，盡量使互相之間的身軀相距遠些，盡量錯開眼光避免直接的對視。

當你被迫和他人處在親密的距離之間，比如在擁擠的車上，狹小的電梯裡的時候，切勿盯著人看。那意味著你在用目光「撫摩」對方的身體。

在近的私人距離中，你可以用自己的手腳，摟抱到對方或者拔拳打到對方。你的妻子有資格停留在你的私人近距離界限之內，可是如果有另一個女人進入到你的近的私人近距離之內的話，你的妻子便會感到不安，她會頻頻向你示意或者因此而醋意大發。

身體向外傾斜隨時準備離開。

　　雙方伸直手臂正好能觸及對方手指尖的距離，在這個距離裡，你不可能輕易地和對方接觸。兩個人在街上不期而遇時，他們停下來聊天時，常常採取這種距離。但是，如果是在宴會上，他們之間談話時，又會把這種距離調整為近的私人距離。

　　你所站的距離等於是一種聲明。

　　在中世紀的畫作裡，那些身分高貴的男主人翁總是保持著稍息的姿勢，因為這樣的站姿能夠讓他們展示自己精美的襪子、鞋子和褲子。這個姿勢非常有助於我們判斷一個人當下的打算，因為人們伸出的腳尖所指向的方向，往往就是他們內心裡想要去的地方，而且，這個姿勢看起來也就像是一個人正要準備邁步的樣子。如果是和一群人在一起聚會，我們伸出的那隻腳，總是會朝向最幽默或是最吸引我們的那個人；但是如果我們想要離開的話，那隻腳就會朝向離我們最近的一個出口。

2 習慣攬肩拍背說話的人大多不設防

　　一個人的性格習慣和從小生長的環境有很大的關係，不管後天怎麼修正，還是多少會保留從小養成的習慣。在與其他人說話的時候，有些人天性喜歡與人攬肩拍背。

　　有一個女孩自小在幸福的家庭中長大，家裡除了她，清一色都是男生，所以全家人對她都很寵愛。這個女孩做什麼事情都喜歡撒嬌，對哥哥總是攬肩拍背，表示自己的親昵，而且，她不管在肢體動作、說話語氣還是穿著打扮上，幾乎都和小公主沒兩

樣。

進入社會後，對於周邊的同事女孩依然保持一樣的態度，與人說話時總是不自覺就靠得很近，無論說什麼話題，總是睜大眼睛感覺非常喜歡的樣子，說著說著就喜歡用手攬住對方的肩膀或者拍拍後背，表示自己的好感。

有些年長的女同事總因此覺得女孩太過隨便輕浮，私底下提醒女孩注意點，但是無論怎麼提醒，一到興奮時刻，女孩還是會不由自主做出一樣的動作。儘管有點不合大人的意，但女孩的天真坦誠依然為自己帶來了不少朋友。

許多研究都指出，即使和陌生人也能做到攬肩拍背的人通常都很開朗，容易和人做朋友，也比較容易說服他人。有時一個動作，不用開口就能有效說服對方。這些人常是重情重義的代表。很多影視劇裡，就常用這個動作來表現人物重感情、灑脫的性格。

一般來說，人會根據對象的不同來調整自己的位置。和不喜歡的人說話，總會保持一定距離；和親近的、喜歡的人說話，則會特意靠得很近。而且，人會下意識地目測這個距離。據此分析，上司或資深同事拍自己的後背或肩膀是一種親近的表現，甚至是信任的展現。因此，即使你為此感到很鬱悶，也只能接受，頂多心裡感歎：「怎麼又來了……」要知道，和自己不熟的人有身體接觸的時候，人們都會覺得有討厭的感覺，因而不會做出攬肩拍背的舉動。然而，這類人根本不會有這樣的想法，他們反倒覺得：「我拍你的肩膀，你必定很高興吧。」在潛意識裡，他們認為自己很了不起，而這也是他們能在管理層或政界取得成功的原因之一。

　　我們對待他人個人空間的態度，決定了我們會成為受歡迎的人還是遭嫌惡的人。所以，不管跟誰打招呼都要拍對方的肩膀，或者在聊天的時候總是接觸對方的身體，時間久了，這種大大咧咧的人會讓別人感到嫌惡。

　　有太多的因素會影響到人們與他人之間所保持的身體距離，所以，在你思考為什麼人們會保持某一特定間距的問題時，一定要考慮到每一個細微的因素，然後再做出判斷，在你「管轄」的地方，才是你感到安全的地方，這樣才是最明智的做法。

3 突然開始打哈欠希望談話結束了

　　打哈欠是最顯著的模仿行為之一：只要一個人打哈欠，他身邊的那些人就會接二連三地打哈欠。

　　人為什麼要打哈欠呢？研究發現，一般人一次打哈欠的時間大約為六秒鐘，在這期間人閉目塞聽，全身神經、肌肉得到完全鬆弛。因此可以認為，打哈欠使人在生理上和心理上得到最好的休息，對人體具有重要的生理保護作用。

　　有人認為打哈欠是腦缺氧的表現，如果一個人在聽他人講話時，感到精神疲勞，會忍不住經由打哈欠的深呼吸運動使血液中增加氧氣，排出更多的二氧化碳，從而使精力更加充沛。你會發現，當人困乏的時候往往是哈欠不斷，以提醒人體，表示大腦已經疲勞，需要睡眠休息，所以打哈欠也是一種催眠的方法。當人即將進入緊張工作之前，也常會哈欠連連，這可能是人體借助深吸氣使血液中增加更多的氧氣，提高大腦的活動能力。

　　羅伯特‧布諾溫發現，打哈欠的傳染性極強，以至於你甚至不需要目睹別人打哈欠，只要看到有人張大嘴巴，你都會忍不住打起哈欠來。現在我們認為，打哈欠是一種模仿行為，它能夠讓人與人之間建立起友善關係，避免產生衝突。這種理論同樣適用於猴子和黑猩猩。

　　總之，打哈欠是人體的一種本能反應，它像心跳、呼吸一樣，不受人的意志所控制。人們經由打哈欠保護腦細胞，增加腦細胞的供氧，提高人體的應激能力，如果你發現對面的他正在忍不住打哈欠，那麼趕快停下你的發言，適時地遞上一杯咖啡，幫助對方休息一下吧！相信，重新振奮精神後，他會更容易接受你的觀點。

4 逐步後退，他不想與你過於親近

　　當有人慢慢走向你，一旦你感到不自在，就會讓他停下來，並且自己會逐步後退，直到你處於一個令自己感到自在的距離才停下來，這個區域是否有所不同？你能說明其原因嗎？

　　其實，這個自在的距離就是測量你能接受的私人空間和親密空間的閾值。如果你想表達對某人的好感，你會很樂意與他親近，身體前傾，頭部前傾，肢體發生碰撞……但是如果有人在和你談話的過程中，不斷對逐漸靠近的你節節後退，那你要注意了，你已經在無意中侵占了對方過多的私人空間，讓他產生了不安感。後退表示對方並不想與你過於親近。

　　試著侵入某人的緩衝地帶。如在等候線前、電梯裡或公共汽

逐步後退，他不想與你過於親近。

車上與人站得「很近」，觀察一下人們的反應。你會發現，大部分人都選擇後退來表達自己的拒絕，有些人則選擇正面對峙，用憤怒的眼神凝視你而起質疑。

現在你是否明白為什麼學生用於在圖書館占座位的書籍被統一擺放後會引發眾怒？銀行為何要設1公尺距離？無數的書本和文章都探討過動物對領地的重視。不管是大動物、小動物，還是人類，都有自己的方式標示自己的地盤，並且防備同類入侵。如果你能了解人類對個人空間的那種微妙感覺，你就會更加注意自己的言行，而且在跟別人進行面對面交往時，你也能更準確地預判他們的反應。

大部分動物都會將自己身體周圍一定的區域視為自己的私有領地，至於這塊領地範圍的大小則主要取決於動物生長環境的擁擠程度，以及當地動物分布的密集程度。所以，私有領地的大小是由當地的整體環境決定的。

人類也有自己專屬的個人空間，別人一般會在兩種情況下進入我們的私密空間（距離身體十五公分～四十五公分的範圍）：其一，入侵者是一個關係密切的親戚或者朋友，也可能是愛撫我們的情侶；其二，入侵者懷有敵意，甚至準備對我們進行攻擊。就像我們前面所說過的那樣，人們只能容忍關係密切的人進入自己的私人空間和社交空間。所以，一個闖入私密空間的陌生人會讓我們的身體立刻產生生理反應。我們會心跳加快，大量的腎上腺素會注入血管，血流把腎上腺素傳送到大腦和肌肉，於是，我們的身體就做好了隨時出擊或者逃跑的準備。

這就是說，如果一個人在面對你的時候逐步後退，那就說明他不想親近你，甚至對你有些反感。儘管他們可能滿面笑容，似乎相當喜歡你，但你得知道，這僅僅只是因為他們不想得罪你。

如果你想給別人留下好印象，就一定要遵守「保持身體間距」這一黃金法則。只有在和別人的關係更加親密的時候，別人才會願意讓我們進一步靠近他。比如，一個新上任的員工在剛開始跟同事打交道時，可能會覺得其他人都對他很冷淡，但這只是因為大家都還跟他不熟，所以只會讓他進入社交空間。隨著大家彼此之間的了解逐步加深，身體之間的間距就會逐漸縮短。最後，其他同事會願意讓這位新員工進入他們的私人空間，如果相交甚篤，甚至可以進入私密空間。

5 向你的方向微躬在等你說話

當上司一邊說話一邊將身體往一側傾斜，另一隻手向前平攤，手心朝上放在桌面上，語速減慢，雙眼直視你的嘴唇或眼睛，這說明上司在等待，此時他說什麼並不重要，重要的是他在用身體語言告訴你，該輪到你說話了。上司的潛台詞：「我要告一段落了，別光聽，發表高見。」

你可以這麼做：既然上司做出這個動作，說明他有足夠耐心傾聽。如果你有不同意見，這時提出最好。和上司說話前一定要打好腹稿，把自認為最精彩的言論放在這時說，上司會格外重視。

兩個來自城市的人彼此握手問好，他們會把手伸到距離身體四十六公分的位置。正如我們前面所提到的那樣，一個人對個人空間的需求與他所生活地區的人口密度相關。例如，在人煙稀少的田園長大的人，會比在人口稠密的城市長大的人需要更大的個

人空間。

所以，我們只要觀察對方伸出手的幅度，就能判斷他是來自大城市還是小鄉村。在城市裡長大的人通常需要半徑四十六公分的個人空間。這個半徑也是當他們跟別人握手時手腕和身體之間所保持的距離。

把手伸到個人空間的邊緣處，可以讓彼此問好的兩個人互不侵犯對方的個人空間。在人口密度較低的鄉間長大的人，通常需要半徑一公尺以上的個人空間。同樣，這也是他們在跟人握手時手腕與身體之間所保持的距離。

兩個來自鄉村的人在握手時，把手伸到距離身體一公尺的位置。鄉村的人在跟你問好時，通常會穩穩地站在原地，為了能夠握住你的手而身體前傾；而城裡的人則會走上前去跟你握手。在偏遠地區長大的人還會需要更大的個人空間，最大的能夠達到半徑六公尺。這些地區的人們在彼此見面時不會採取握手的方式，而是遠遠地站著，向對方揮手問好。

偏遠地區的人們在見面時會保持較大的身體距離。生長在城市的農用設備推銷員，在偏遠農村進行上門推銷時，一定會覺得上述資訊非常實用。比如，一個農民或許需要半徑一公尺至二公尺的個人空間，那麼，如果你跟他握手的話，他就會覺得自己的個人空間遭到入侵，從而產生不快或者牴觸的情緒。那些來自鄉村的優秀銷售員一致認為，在跟鄉下的顧客問好時，雖然可以握手但身體不要靠得太近；而在跟偏遠地區的農民打招呼時，只要遠遠地揮揮手就可以了。以這種方式開場的推銷，最有可能獲得滿意的銷售成果。

一個人所擁有的房屋和他經常使用的空間，共同構成了他的私有領地。在這些領地遭受入侵的時候，他會為了捍衛它們而

戰。家、辦公室、汽車，都代表著一個人的私有領地，人們會用牆、鐵門、柵欄、戶門之類的東西明確劃分領地的邊緣。每一個領地的內部也會被分為若干個小領地。比如，家庭中的某個成員可能會將廚房視為自己的專屬領地，在他使用廚房時不允許任何其他成員進入廚房；公司裡的某個商務人士可能會對會議室的某個座位特別偏愛，而將它視為自己的專屬空間；同樣，也許咖啡廳的某個顧客會特別青睞牆角的那個座位，家裡的媽媽或者爸爸也會有自己最喜歡的某把椅子等等。所有這些區域要嘛就是人們所擁有的財產，要嘛就是人們常常使用的空間。咖啡廳的那位顧客為了充分占有自己喜愛的座位，甚至會在桌面上刻上自己的名字；公司的那位商務人士為了標記屬於自己的座位，會用資料夾、鋼筆、書、衣服等東西堆滿那個半徑四十六公分的私密空間。

當你在辦公室和上司會面時，如果上司邀請你坐下，而你無意中卻沒有坐在他指定的那個座位，反而坐在了上司自己喜歡的位置，那麼上司一定會因為個人領地被入侵而產生焦躁情緒，並且隨之產生防禦心理。其實，一個簡單的問題就能化解這樣的尷尬。「哪個座位是您的？」就座之前多問這麼一句，你就不會誤闖入上司的私有領地了。

6 坐在敵人身邊有利於化解矛盾

在西方國家中，做父親的在家中常坐在橢圓形桌子或長方形桌子兩頭的位置上，因為它是第一個位置，象徵著權威。在中

國，長輩總是坐在八仙桌的上手，俗稱「朝南坐」。與此同理，在家庭的餐桌上，我們可以從坐的次序分辨出家庭的組成情況；同樣，如果一群人坐在會議桌旁開會，領袖人物一定自動地坐在公認為首位的位置上，同時，我們可以從其他人坐的位置離領袖人物位置的遠近距離上，判斷出他的地位的高低或與領袖人物的親疏關係。一般，對立的雙方，必定相對而坐；心存異議的人，十之八九坐在較遠的地方。

那些在會議上站起來發表意見的人，內心必定有一種優越感，認為自己的意見是舉足輕重的。而坐著聽他發言的人，坐的距離越近，他就越是感到討厭或不安，而會議的主持者，往往會用手勢叫他坐下來發言。

學生時代，每當考試時，如果監考老師走到你身邊站下，你心裡就會產生一種煩躁不安的感覺，腦裡彷彿一下子變得遲鈍了，簡直不知道怎麼做題好。一個女同學說，有一次監考老師走到她身後的空座位上坐了下來，害得她一直心神不定，以致寫錯了答案。當時，她忍不住想回過頭去，衝著監考老師大喊一聲：「請你離開，別影響我的考試！」

事實上，父母在責罵孩子時，也總是採用把身體傾到孩子面前的做法，來表明他們間的關係，用以加強父母對孩子的權力感。

國外有許多學者試驗著從領域的幅度和私有空間被侵犯時所做出的反應來分析判斷一個人的個性。他們經過多個研究發現，被誇獎的人常常離誇獎自己的人很近，而被批評者則坐得遠遠的，其餘的人坐在這兩者之間，與誇獎人保持適當的距離。在相同的情況下，性格內向的以及焦慮不安的人也坐得比性格外向的人遠些。

　　因此，如果你的下屬抗拒與你合作，你不妨嘗試友好地坐在他的身邊，因為個人空間突然被侵占，他們常會在被入侵者逼得身體後退或者乾脆離開之前，發出一連串的預備信號，諸如：搖擺身體、晃腳，或用腳不斷地踏地。利用這段短促的時間，不妨說一下你真正的想法，表達一下你對對方的友好看法與希望。當然，並不鼓勵你長時間留在對方的空間裡，否則會讓他感到不舒服，適度表達完後，應抽身離開，使他恢復到舒服的狀態，留下空間等他消化。這樣，有助於化解你們之間的矛盾，從而更好地開展工作。

 7 營造私人空間可能缺乏安全感

　　一個英國人與一個阿拉伯人聊天，出於禮貌，英國人刻意與阿拉伯人隔開了一段距離，表示不侵犯對方的隱私。而同樣是出於禮貌，阿拉伯人總是想靠近英國人，以表示熱情和友好。於是，一個人不斷退後，一個人不斷前進，到他們談話結束時，兩個人已經從原來的地方移動了很遠的距離。

　　這是講述各國文化差異的一個經典笑話，從「移動談話」的英國人和阿拉伯人身上，我們看到了各國對個人空間的不同需求。然而，即便是願意和別人貼近的阿拉伯人也有自己的個人空間，到了他的私人空間的限度，他也會停下移動的腳步拒絕再前進。

　　這是為什麼呢？這裡所提及的私人空間的限度其實類似於動物界的領地意識。人類的領地意識比較古老，可以追溯到動物的

領地意識。不同的是，動物的領地意識是一種本能行為。例如老虎，據動物學家研究發現，老虎的領地方圓數公里，任何擅自闖入這一範圍的入侵者會很快遭受到來自領地主人的防禦性攻擊。大部分老虎傷人事件是由於人類誤闖入了人家的私人領地而導致的。

與肉食動物相比較，一些草食動物，如麋、麝等的領地範圍就要小一點，它們通常用自己的犄角摩擦樹皮來標示自己的領地，或留下自己的分泌物，用區別於其他族群的異味來圈出別人絕不可隨意侵犯的「勢力範圍」，這種領地劃分在動物界已成既定規則，即使是同類，見到這些領地記號也會自動避開。

「領地意識」其實就是動物對自己所選區域的食物和配偶的占有權。人的領地意識與此有共同之處，只不過人類是透過對公共領地，如狩獵地、海關、院子、圍牆等來區分警示，國家的領地意識也是從個人空間逐步發展而來的。比如我們習慣使用國土分界線來劃分國土，有些邊境區域還會安排武裝人員把守。而我們每個人都對自己的家園懷有一種忠誠感，在遭到侵略時會不惜浴血奮戰。這是屬於某個特定集體的公共空間。

與這些公共空間相比，私人空間的範圍明顯要小一些，比如在一些擁擠的場所，如人潮洶湧的商場、摩肩接踵的火車站、電影院、公車裡，甚至是擁擠的電梯裡，每個人都有一個內心所能接受的親密距離尺度。在公共空間，私人空間不可避免地要被他人入侵，而侵入者通常都是陌生人。

當個人空間被陌生人侵占，個人會很快做出防禦的狀態。與動物不同的是，人類不會很快對那個侵入者展開攻擊，而首先選擇對對方行為的躲避或者漠視來解決這種被侵犯的緊張感。例如我們在乘坐電梯時就不喜歡跟任何人說話，並且保持身體一動不

動，眼睛一直盯著電梯層數的變化。如果前後左右的人過於貼近自己，你可能會選擇支起手臂，用手指默默往外推擠對方，給予抗議，這是典型的人在自己的私人空間受到侵犯時的防禦表現。

屬於個人的私密空間，就像我們隨身攜帶的大氣泡，無形地環繞著我們的身體。我們不希望私人空間被侵犯，所以希望其他人能夠跟自己保持適當的距離。不同的國家可能對私人空間大小的要求有所不同，情境再現中的英國人就比阿拉伯人要求得到更多的私人空間。

了解了這個常識，你首先應該關注那些時刻在你面前暗自用物品、動作、情緒等營造出私人空間的談話者，如果你發現對方有這樣的舉動，那麼可能是你讓他感到緊張，或者你不由自主地跟對方過於親近，乃至觸及了他的心理空間底線，而他正在試圖警告你。這種情況下，一定要及時抽身遠離對方一些，讓對方放鬆警惕，然後再慢慢繼續接下來的內容。

你應該注意主動為所面對的對象營造一種令他感到自在、隨意、放鬆的環境，不要太遠，當然不要太近，千萬別過於急切顯示你的好感，先給他一定「空間自由」，過不了多久，他就會回饋給你更多的「交流自由」，這個時候再一鼓作氣，努力達成你的目的簡直就是輕而易舉了。

8 空間選擇透露人的本性

當一個人在陌生場合中選擇使用空間時，比如選擇電影院裡的座位，開會時的座次等，一般人通常會在兩個人之間找個位

置。如果是在電影院裡，當一排的兩端都有人坐時，後到的人會坐在中間的位置。在健身房內，後到的人也會選擇兩條毛巾之間的位置來懸掛自己的毛巾，這樣選擇是為了避免距離太遠或太近而冒犯他人。

電影院裡或圖書館裡，當有許多空位可供選擇時，人們如果選擇的位置緊靠著某一個人，會給對方造成一種壓迫感。因為人們選擇空間位置的慣性心理需求是和諧與安全。

明白和了解了人們在陌生場合空間位置選擇的慣性心理需求，當你有與陌生人接觸的意願時，不妨選擇靠近對方但同時又與他保持一定距離的位置坐下。讓他感覺到你的友好，又不讓他感覺受到冒犯，這是奠定進一步接觸的基礎。

生活中，我們經常要約會，包括工作性質或委託人辦事等功利性目的的約會。單純和一般同事、朋友在一起，吃飯聊天，大家的身分在這裡都是平等的，沒有求與被求之分，也沒有高低貴賤之分，這樣的活動不存在餐桌上座次禮儀的情況。那麼，當你身處這種環境中時，你會選擇在桌子周圍的哪個位置坐下來呢？

觀察人們選擇位置的不同，可以判斷出其性格的差異，大致可以分為四種類型。

第一種，坐在迎面居中位置。這種人生性積極，富有決斷力，是領導型人才。需要點飲料、點菜時，有些人總是推託給別人，相比較之下，這類人會很有主張地簡單徵詢一下大家的意見，很快決定點什麼菜。這類人具有較強的決斷力和主動性，不過有時他們在一些場合會獨斷專行，顧及不到他人的想法，比較容易自作主張，有點粗心。

第二種，是選擇坐在迎面稍偏位置的人。選擇這個位置的人始終被一種或是一個和常人不同的人的意識所控制。他們通常

好勝心強，受別人領導會感到很不情願，希望自己成為某一個場合的中心人物，但自己又缺乏勇氣去領導別人。在比較難處理的事情面前，當看到與自己水準相當的人受到上司青睞時，他們會有一種強烈的競爭念頭。如果此類人是女性，一看到與自己容貌相當的女性，有男性去親近時，就會馬上產生一種不肯認輸的妒意。這種類型的人，因為處處要表現出唯我獨尊的態度來，很容易把同伴看做輕蔑的對象，因此，常會陷入孤獨無伴的境地。

第三種，坐在兩邊的位置。他既不想成為團隊的中心人物，也不會把自己貶值到最低的位置。任何時候，他們都能給自己準確定位，做到為人爽直、善解人意、不卑不亢，令周圍的人都很喜歡自己。如果此類人是女性，也許她自己並不會察覺到，暗地裡悄悄喜歡她的男性是相當多的；如果此類人是男性，則很容易受到領導的賞識與重用。

第四種，是選擇坐在一角或背向位置的人。這類人平時總是不喜歡引人注目，而喜歡在幕後發揮各種能力，不論做任何事情總會盡其本分，有一種獨善其身的風度，這類人無論男女，即使在談戀愛，面對心上人時，也不會採取主動和積極的態度，把真心吐露出來。這種人的低姿態，區別於那種任何事情面前都窩窩囊囊的人。儘管有時他不表態，不等於他沒有自己的主意，有時甚至比誰都看得更明白，別看他們的舉動一般都比較被動，但有時也會做出大膽的舉動來，使得周圍的人大感意外。

空間語言之所以能給人以無聲的心理暗示，有許多東西起源於人類進化過程中的禮儀習慣。譬如，自古以來，在人前常放低身體的高度是一種建立從屬關係的態度表示，所以封建社會稱皇帝為「皇上」。譬如，皇帝周圍的人，在與主子對話時，開口之前先稱自己是奴才、卑職等。在拜見皇帝時，女性多半會行屈

膝禮，男性則是鞠躬脫帽下馬，使得自己顯得較為低下。在集會上，演說者常站在箱子之類具有高度的物體上，以顯示自己有壓倒一切的士氣。

在現代交往中，握手的一剎那，有的伴隨點頭、身子前傾等肢體動作，給人的感覺往往是，動作幅度大的一方為相對弱勢的一方，即使是平等關係，也可以判斷出他此時是有求於人。在現代職場中，對於總是向上司卑躬屈膝的人，常被周圍的人稱呼為「舔鞋子的人」。

空間語言已經形成，可以說已經滲透到了每個人的心靈深處，不承認並不等於它不存在。要想使自己的處事本領如虎添翼，不可不研究空間語言，重視空間選擇的暗示性作用。

後記

　　自然的演替與社會的發展造就了很多的說謊者，依據常規的語言判斷最複雜的靈長類動物「人類」的心理活動，顯然已經越來越不靈活實用。單憑人類越來越複雜的大腦，常規的語言判斷就只能使資訊辨別變得更加困難，因為人們越來越精通於語言這種工具的使用。「面不改色心不跳」的遮掩卻將被那些精通微表情的高人嘲笑，因為他們掌握一些看穿心靈的技巧。

　　我們現在正處於一個資訊高速膨脹、媒體高度發達的社會，上面那些技巧已不再是某些專家的祕密，更不是什麼難得一見的絕學，只要我們足夠仔細、足夠靈活，每個人都可以借助這些技巧成為「微表情大師」，成為下一個「萊特曼」。

　　人類迄今為止已經在這個星球上生存了四百五十萬年，而我們這些當下還活著的人，也只不過在這個世界上存在了十幾年、幾十年而已。雖然，我們無法準確詳細地展現這悠久歷史中存在過的每一個表情和它們代表的每一種含義，但是本書所描述的這一切的確經過了很多人的考察和驗證，還是足以為你講清楚我們在生活中可能會遇到的表情、陷阱或者機會的。

　　當然，書中還有許多需要我們繼續探討的地方，但總體來說應該已經解決了你的很多實際問題。

主要參考書目

1. 亞倫・皮斯著・王甜甜，黃佼譯・《身體語言密碼》・中國城市出版社，西元2007年

2. 納瓦羅，波茵特著・于樂譯・《FBI教你破解身體語言》・中華工商聯合出版社，西元2010年

3. 彬子編著・《身體語言讀心術》・哈爾濱出版社，西元2010年

4. 付欣欣編著・《圖解身體語言密碼：3秒洞察人心的智慧》・化學工業出版社，西元2011年

5. 項賢兵編著・《看誰在說謊──身體語言密碼高級解讀手冊》・朝華出版社，西元2009年

6. 韓彪編著・《破解身體語言密碼》・中國華僑出版社，西元2010年

7. 高曼著・《身體語言密碼2.0：工作中的身體語言優勢》・化學工業出版社，西元2010年

國家圖書館出版品預行編目(CIP)資料

肢體語言心理學：沒有看不透的心 / 張榮妹編
著. -- 初版. -- 臺北市：華志文化事業有限公司，
2021.05
　面；　公分. -- (全方位心理叢書；40)
ISBN 978-986-06175-9-7(平裝)

1.行為心理學 2.肢體語言

176.8　　　　　　　　　　110005314

書名／肢體語言心理學：沒有看不透的心
系列／全方位心理叢書C340
華志文化事業有限公司

作　　　者　張榮妹
執行編輯　林雅婷
美術編輯　王志強
企劃執行　康敏才
總 編 輯　黃志中
社　　　長　楊凱翔
出 版 者　華志文化事業有限公司
電子信箱　huachihbook@yahoo.com.tw
電　　　話　0937075060
地　　　址　116台北市文山區興隆路四段九十六巷三弄六號四樓

總經銷商　旭昇圖書有限公司
地　　　址　235 新北市中和區中山路二段三五二號二樓
電　　　話　02-22451480
傳　　　真　02-22451479
郵政劃撥　戶名：旭昇圖書有限公司（帳號：12935041）

售　　　價　二八〇元
出版日期　西元二〇二一年六月初版第一刷

華志文化